KB220478

다비,
무형문화유산으로서의 가치와 전승

다비茶毘,
무형문화유산으로서의 가치와 전승

대한불교조계종 문화부 · 다비작법보존회 엮음

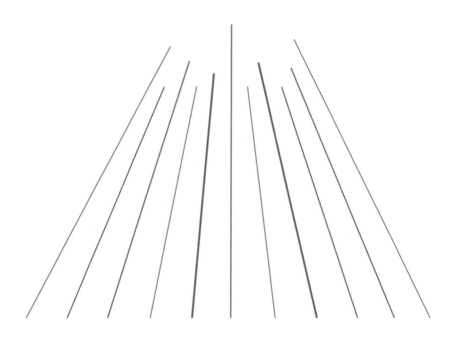

조계종
출판사

1700년 전 한반도에 불교가 전승되면서 이어져온 다비茶毘는 오늘날 한국불교와 대한민국의 장례문화를 대표하는 중요한 의례입니다. 또한 장엄한 장례에 관한 문화 체계를 제시하고 있어 불교계뿐만 아니라 일반 국민과 이웃 종교에서도 주목하고 있습니다. 그 어떤 종교의 장례의식과 비교하더라도 가장 정성스러우면서 맑은 정신세계를 대표하기에 다비는 신앙적으로도 문화적으로도 수승하다는 평가를 받고 있습니다.

'무형문화유산으로서 다비의 가치와 전승'을 주제로 한 첫 학술대회를 개최한 데 이어 이번에 단행본까지 출간된다고 하니, 다비작법보존회 회장으로서 "비록 늦은 감이 없지 않으나 한국불교 문화사에 대단히 보람차고 의미 있는 일이 아닐 수 없다"는 감회를 밝히는 바입니다.

불교 전통의 장례의식인 '다비'에는 부처님의 지혜롭고도 맑은 가르침과 불교의 문화사적 의미, 불교적 죽음관이 잘 결집되어 있어 이 책의 출간 자체에 의미가 크다 할 것입니다. 출세간뿐만 아니라 세간으로부터도 친환경적이면서 지극한 장례의식으로 주목받아 큰 관심을 불러일으키고 있으니 대한민국을 대표하는 '문화의 장葬'으로도 손색이 없어 보입니다.

이 책에는 각 교구본사 혹은 사찰별로 엄수되어온 다비의 가치와 특색, 그 안에 깃든 불교 정신, 전승의 과정을 다각적으로 담았습니다. 책의 출간을 계기로 다비 문화가 온전하게 보존되는 동시에 국가무형문화유산으로 지정될 수 있기를 일심으로 발원합니다.

흔쾌히 책의 서문을 써주신 동국대 명예교수 보광 스님, 연구 자료를 토대로 집필을 허락해주신 네 분의 저자에게 감사의 인사를 전합니다. 그리고 물심으로 다비작법보존회의 활동을 후원해주신 조계종 총무원장 진우 스님과 문화부장 혜공 스님, 다비의 보존과 전승을 위해 뜻을 함께하고 있는 다비작법보존회 여러 위원님들께도 고마운 마음을 전합니다.

다비작법보존회 회장 현법

다비茶毘는 말 그대로 "불에 태운다"는 뜻입니다. 다비가 부처님 입멸 이후 2500여 년 동안 불가佛家의 전통적인 장례의식으로 전승되어온 것은 바로 부처님께서 이 의식을 통해 거룩하신 일생을 회향하셨기 때문입니다. 덧대 설명할 필요 없이 대한불교조계종은 그 어느 나라의 종단 혹은 불교 공동체와도 비교할 수 없을 정도로 체계적이고 수승한 전통 장례의식인 '다비'의 작법 전통을 보존하고 계승해왔습니다. 지금도 부처님의 가르침에 따라 수행하고 공부하고 포교하시다가 세연을 다하신 수행자들의 법구를 전통적인 다비 작법에 따라 회향할 수 있는 이유는 전국의 교구본사와 사찰별로 다비에 관한 전통과 작법이 꾸준히 전승되어왔고 관련 기록이 온전히 남아 있기 때문입니다.

다비의식에는 부처님의 가르침을, 열반에 드신 선대 수행자의 일체 가르침을 잇고자 하는 발원의 의미가 담겨 있기도 합니다. 부처님께서 열반에 드신 후 다비 의례에 동참한 제자들과 불자들이 화장하여 사리와 분골, 재를 수습해 나누어 각자의 고향으로 이운하여 여법하게 봉안했습니다. 이와 같은 과정은 부처님의 가르침을 영원히 간직하고 따르고자 했던 대원력이 있었기에 가능했습니다. 이를 통해 우리는 부처님의 입멸과 그에 관한 의식에 수행적·신앙적·교학적인 의미가 담겨 있음을 넉넉히 읽어낼 수 있습니다.

'다비'는 단순히 육신을 태우는 화장의식이 아닙니다. 마지막 생멸의 과정을 거쳐 지수화풍 사대四大로 돌아가는 순간까지도 깨달음의 장으로 구현하고자 하는 사부대중 공동체의 대원력을 담아내는 '수행의 장'입니다. 일각에서는 "전통 방식의 다비와 그에 관한 작법을 이제는 간소화하자"라고 하는 의견도 있기는 하나, 전국의 교구본사와 사찰별로 엄수되고 있는 다비 작법에 관한 상세한 절차를 기록하고 자료로 결집하는 일은 너무나도 큰 불교사적 의미를 지닌다고 생각합니다. 부처님과 부처님의 제자와 불자들이 그 옛날에도 그러했듯이 불교는 불법승佛法僧 삼보三寶로써 계승되어왔으며, 삼보를 외호하고 부처님의 가르침을 일상에서 발원하고 실천해온 불자들의 행원으로서 구현돼왔습니다.

모쪼록 종단 차원에서 기획하고 출간한 이 책이 종단 안으로는 수행의 전통과 종단 장례의식을 정립하는 계기가 되는 동시에, 밖으로는 불교적 장례인 '다비'에 담긴 의미를 대중화하고 조명하는 밑거름이 되기를 기대해봅니다.

동국대학교 명예교수 보광

사진으로 보는 다비 의례

백양사, 범어사, 봉선사, 수덕사, 해인사, 월정사 등
6개 사찰에서 전승해온 독특한 다비 방식을 엿보기로 한다.
아울러 최근 사찰에 마련된 상설 다비장의 모습과
전문업체의 다비 방식도 사진으로 담았다.

글 l 이진선 (다비작법보존회 연구원)
감수 l 유재철 (다비작법보존회 사무총장)

전통 방식은 지장암 뒷산에 있는 연화대에서 설행되었다. 아궁이
처럼 바람이 통하게 제작한 타원형 돌담 형태의 연화대와 숯을 주
로 사용하는 것이 독특하다. 먼저, 연화대 내부의 화로 위에 통나무
를 가로로 걸치고 그 위에 숯을 부어 쌓는다. 법구가 연화대에 안
치되면 다시 숯을 쌓고 그 외에 새끼줄이나 멍석, 가마니, 솔가지를
함께 사용한다.

2000년대 와서는 범어사 내 공터에서 다비단을 쌓았는데, 헛곽을
넣은 연화대를 미리 만든다. 안쪽에 대나무로 헛곽을 만들고, 주위
에 땔나무, 새끼타래, 숯 등을 채운 뒤 석유를 뿌리고, 솔가지로 장
엄한다.

1. 돌담 연화대 외형

2. 돌담 연화대 내부

3. 다비단, 거화봉 준비하기   4. 다비단 내부 대나무 헛곽

5. 법구 안치하기   6. 하화하기

7. 하화 직후 모습

8. 드러난 다비단 외형

9. 습골 준비하기

10. 바닥에서 습골하기

11. 암키와에 습골하기

백
양
사

서향암(홍련암) 언덕 위에 다비장이 마련되어 있는데, 1956년 만암
스님 다비 이후 사용하지 않고 있다. 2000년대에는 백학봉이 마주
보이는 공터에서 다비를 했다.

헛곽을 넣은 연화대를 미리 만든다. 다비터에 바람골을 열십자 모
양으로 만들고, 중앙에 명당수 항아리를 묻는다. 다비장 동서남북
에 사방수 항아리를 놓아 사리를 수습하는 것이 가장 큰 특징이다.
장작을 쌓은 위에 헛곽을 놓고 다시 장작을 세운다. 공간에 숯을
채우고, 석유를 뿌리고, 멍석 또는 가마니를 덮어 흰 천으로 장엄
한다.

1. 다비 물품 준비하기

2. 열십자로 바람골 파기

3. 중앙 명당수 채우기   4. 명당수 항아리 묻기

5. 헛곽, 다비단 쌓기   6. 다비단 완성하기

7. 동서남북 사방수 놓기

8. 법구 이운하기

9. 하화 직후 모습

별도의 다비장을 만들지 않고 공터에서 다비를 했다. 예전에는 참
나무와 숯으로 다비를 했다고 하는데, 이후 새끼타래 방식으로 정
착되었다.

먼저 헛곽을 넣은 연화대를 미리 만든다. 바닥에 고랑을 파지 않고
시멘트 블록을 놓고 그 위에 건축용 타공 철판을 길게 펼쳐 바람길
을 만들고, 새끼타래를 쌓아 연화대를 만드는 것이 특징이다. 새끼
타래 외에 통나무로 외부를 지지하고, 석유를 뿌리고, 흰 천으로 장
엄한다.

1. 바닥에 바람길 만들기

2. 새끼타래 쌓기

3. 헛곽 올리기

4. 새끼타래 다비단

5. 법구 이운하기(만장 행렬)

6. 법구 안치하기

7. 하화하기

8. 하화 후 모습

9. 전소한 모습

수
덕
사

대웅전에서 멀지 않은 산속의 언덕 아래 다비장이 있다. 화로용 구덩이를 파고 내화벽돌로 축벽을 쌓은 연화대와 사리를 수습하지 않고 쇄골하여 산골하는 것이 특징이다.

화로 위에 통나무를 올려 수평을 만들고, 법구가 안치되면 바로 장작을 쌓는다. 석유를 뿌리고, 솔가지로 장엄한다.

1. 다비장 화로

2. 다비하는 모습

18   **다비, 무형문화유산으로서의 가치와 전승**

3. 노제 지내기

4. 법구 이운하기

5. 화로 위에 통나무 올리기

6. 법구 안치하기

7. 나무로 쌓기

8. 마른 솔가지로 채우기

9. 생솔가지로 장엄하기

10. 하화하기

11. 습골하기

12. 쇄골하여 산골하기

암자로 올라가는 산속에 다비장이 있다. 바닥은 원형의 시멘트 벽돌과 내부 직사각형 내화벽돌을 깔고, 외곽은 시멘트 경계석으로 마감했다. 정중앙에 있는 타공 철틀로 만든 연화대 위에 헛곽을 미리 만들어 올리고 단을 쌓는 것이 특징이다. 이후 바닥 전체를 내화벽돌로, 연화대도 철제로 보수하였다.

헛곽 주위로 장작을 세우고, 철틀, 헛곽, 장작을 철사로 단단히 고정한다. 상단에 숯을 쌓아 봉분 모양을 만들고 석유를 뿌린 후 엮은 볏단을 펼쳐 초가지붕처럼 둘러싸매 고정한다. 다시 광목으로 덮어 연꽃 문양을 그리거나 연잎을 붙여 장엄한다.

1. 철틀 연화대 (전)

2. 철제 연화대 (후)

3. 산신제 지내기

4. 법구 이운하기

5. 철틀-헛곽-장작 쌓기

6. 다비단 장엄하기

7. 하화하기

8. 하화 후 모습

일주문을 지나 산속의 넓은 밭에서 다비를 진행한다. 원래는 통나무와 장작을 사용하여 위에 짚단과 가마니를 덮었는데, 이후 내부에는 장작을 적게 하고 외부에는 사각형 볏짚단을 차곡차곡 쌓는 방식으로 바뀌었다.

구덩이를 파서 만든 화로 위에 통나무를 올려 수평을 만들고 법구가 안치되면 바로 장작을 쌓고, 다시 볏단으로 외부를 감싼다. 석유를 사용하는데, 불이 내부에만 타도록 거화 후 짚더미 위에 계속 물을 뿌리고, 불이 충분히 붙으면 중단한다.

1. 노제 지내기

2. 법구 이운하기

3. 화로 위에 나무 쌓기

4. 법구 안치하기

5. 통나무 쌓기

6. 볏짚단 쌓기

7. 새끼줄로 고정하기

8. 하화하기

9. 하화 직후 모습

대부분 사찰에서는 다비가 생기면 경내의 공터, 주차장, 논밭에 임시로 다비장을 마련했다가 원상복구를 한다. 해인사, 법주사, 통도사, 동화사, 직지사, 선운사, 운문사 등은 내화벽돌로 바닥을 만든 다비장에서 연화대를 쌓아 다비를 한다. 통도사와 송광사는 별도의 공간에 지붕을 만들고 그 아래에 장작으로 다비를 할 수 있는 화로와 굴뚝을 제작했는데, 통도사는 내화벽돌식이고, 송광사는 가마식이다.

최근 통도사는 기존 화로를 가스 화장로로 보수하였고, 해인사 역시 가스 화장로를 새로이 설치하였다. 그리고 다비를 전문으로 하는 연화회의 '연화다비'는 바닥에 구조물을 깔아 바람길을 만들어 송풍기를 연결해 화기를 조절하는데, 다비단을 쌓을 때는 참나무를 주로 사용하고 석유와 쇠못은 사용하지 않는 것이 특징이다.

동화사 다비장

법주사 다비장

선운사 다비장

운문사 다비장

직지사 다비장

해인사 다비장

통도사 화로다비장

통도사 화로와 내부 모습

송광사 화로다비장

송광사 화로와 화로 뒷면

통도사 가스화로

통도사 다비 중 정근하기

해인사 다비 입로 전 의식

해인사 가스화로

연화다비 다비단

연화다비 하화 후 모습과 습골하기

차례

1장

초기 불교 경전에 나타난 다비

조준호
동국대 불교학술원 교수

\\\
///
\\\

1. 들어가는 말

인류 역사에서 시신을 처리하는 방법에는 여러 가지가 있다. 그 가운데 하나가 화장이다. 물론 모든 문화권에서 발견할 수 있는 보편적인 장례법은 아니다. 화장은 특정 인종과 민족 그리고 문화권에 따라 저마다 선호하는 방향으로 나아갔지만, 반대로 극히 죄악시된 장례법이기도 하다.

화장에 관해서는 많은 논의점이 있지만 이 글에서는 초기 불교 화장에 초점을 맞춘다. 초기 불교와 관련한 전적典籍에서 화장이 어떻게 나타났는지를 살펴볼 것이다. 흔히 이 시기의 논의에 있어 부처님 마지막 여로의 경전인 『장아함경』에 수록된 「유행경」과 이에 상응하는 빠알리 경전인 『디가 니까야Dīgha Nikāya』의 「대반열반경

Mahāparinibbāna Sutta」이 인용되고 분석되는 정도에 그치는 경우가 많았다. 즉 선행 연구에서는 부처님 다비에 한정해서 역사 문화적· 철학적 의미를 분석한 연구만 찾아볼 수 있었다.[01] 하지만 초기 불교의 율장과 경장 등 전반에 걸쳐서 화장 다비의 기원과 전개에 관한 연구는 국내외에서 찾아볼 수 없었다.

따라서 이 글에서는 화장에 관해 부파 소속을 달리하는 초기 불교의 전적, 즉 부파의 경장은 물론 율장을 포함해 종합적으로 검토하고자 한다. 이를 위해 석가모니 붓다만이 아닌 일반인의 장례 방식과 화장, 출가자의 화장과 차선의 장례 방법 등을 함께 검토한다. 더 나아가 초기 경전에 나타난 붓다의 다비 장례가 지역 불교권의 신앙문화에 어떻게 나타나는지도 간략하게 살펴본다.

2. 고대인도의 장례법

'다비茶毘'는 시체를 화장火葬하는 장례법을 말한다. 산스크리트어로 '자피타jhapita'라고도 하며, '불에 태운다'는 뜻이다. 불교가 성립

---

01   단행본은 박경준의 『다비와 사리』(대원사, 2001), 그리고 전문학술지 연구논문은 다음과 같다. 안양규, 「전륜성왕의 장례법」, 불교문화연구 6, 2005 ; 원혜영, 「붓다와 전륜성왕에게 행한 유해 방식은 닮았는가-초기 열반경을 중심으로」, 『인도철학』제12권 제2호, 23, 2007 ; 원혜영, 「붓다의 다비의식에 담긴 공동체의 변화」, 한국인도학회:『인도연구』, 2007 ; 우인보, 「전륜성왕의 장례법과 사리팔분의 의미」, 밀교학보 14, 2013 ; 최복희(오인), 「우요칠잡에 대한 고찰-붓다의 다비식을 중심으로」, 한국정토학회:『정토학연구』제35권, 2021 등이다.

되기 이전부터 인도에서 행해오던 장례법으로, 부처님은 물론 출가자와 재가자도 화장을 하였다. 다비, 즉 화장은 사유闍維·사비闍毘·사비다闍鼻多 같은 여러 말로 음역되었고, 분소焚燒·연소燃燒 등으로 의역되었다. 초기 경전인 『사아함경四阿含經』(초기 불교 경전을 네 가지로 나눈 것)에는 모두 '사유闍維'로 표현하였다.

인더스문명의 장례에는 매장, 화장, 그리고 화장 후 뼈를 단지에 넣어 묻는 매장과 같은 세 가지 방식이 나타난다. 이 지역 일대를 발굴하다 보면 유독 화장재가 담긴 단지가 많이 발견된다. 학자들에 따르면 인더스문명권에서는 인구의 아주 적은 수만이 사후 매장을 했는데, 이들 가운데 사회적 지위가 있는 사람들도 보인다고 한다.

한편 인더스문명 지역에서는 매장할 때 일반적으로 머리를 북쪽으로 두는 것으로 나타난다. 이 문명은 불교 흥기興期보다 적어도 1100년 이전인 B. C. E. 5500년에서 B. C. E. 1700년까지 번성했던 고대 문명 지역이다. 인더스문명의 중심지인 모헨조다로의 화장 단지에서는 인간 유골이 아닌 죽은 자의 장신구와 동물뼈 그리고 화장재가 주로 발견되었다. 넓은 인더스문명의 지역에는 시신을 묻은 무덤이 다수 발견되었는데, 시신의 DNA 조사 결과 남인도의 드라비다인과 정확히 일치한 경우도 있다.

인더스문명의 주체는 호주-아시아인과 함께 몽골인도 거론되며, 드라비다인과 호주-아시아인의 관계는 인종적·언어적으로 상당히 복잡하게 얽혀 있다. 호주-아시아계는 현재에도 문다Munda

족, 콜Kol족 등으로 불리는데, 이들 인종은 특히 용신Naga 숭배에 대단히 열렬하다. 그렇기에 용신 숭배 문화가 인더스문명 지역에서도 나타났으며, 베다인(베다를 믿는 사람들)으로부터는 적으로 간주되었다. 하지만 현재에는 힌두교에서 일반적으로 수용되었고, 불교 홍기 즈음해서는 인도아대륙의 동북부 지역에서도 용신이 대중의 신앙을 이루고 있는 것으로 나타난다.

불교 홍기부터 이후까지도 인도아대륙에 여러 장례 방식이 있었음은 부처님의 생애를 기록한 경전인 『불본행집경佛本行集經』권 제20에서도 잘 보여준다. 석가족의 근친 부족이라 할 수 있는 밧지Vajji 연맹 비데하Videha 부족의 몇 가지 장례 풍습이 다음과 같이 나타난다.[02]

보살(성도 이전의 석가모니 부처님)은 또 말했다.

"내 또 그대들에게 가까운 세간법을 가지고 묻겠다. 어떤 사람이 양羊을 죽여 하늘에 제사 지내고 법을 얻는다면 어찌하여 사랑하는 친족을 죽여서 하늘에 제사하지 않는가? 이런 까닭에 나는 양을 죽여 제사하는 일에 공덕이 없음을 안다. 그대들이 잡된 법을 행하는 욕심도 이러하다."

그때 보살이 멀리 보니 거기서 멀지 않은 곳에 나무숲이 하나 있었

---

02   Samuel Beal(tr.), Romantic Legend of Sakya Buddha: A Translation of the Chinese version of the Abhiniskramana Sutra, Delhi: Motilal Banarsidass, 1985, pp.158-160.

는데 공동묘지와 같았다. 보살은 그것을 보고 그들에게 물었다.

"존자여, 저기 보이는 곳이 무어라 하는 고행처이기에 그 숲 아래 어떤 시체는 모든 새들에게 쪼아 먹히며, 어떤 시체는 백골만 모여 나타나 보이며, 어떤 시체는 불에 타 한 무더기 뼈가 되었으며, 어떤 시체는 나무 위에 걸렸으며, 어떤 시체는 그 권속들에게 살해되었는데 그 자리를 장엄하여 법에 따라 장례하고 뒤에 부끄러움을 내며, 혹 어떤 시체는 권속들이 에워싸고 시다림에 호송하여 땅에 두고 도로 집으로 돌아가는가?"

그 고행사는 다시 말했다.

"어진 왕자시여, 그 시다림은 네 가지 무리들이 가림 없이 평등하게 몸을 베푸는 복덕의 땅이요, 쓸쓸한 들판이라 이름하나이다. 이곳에 몸을 보시하는 사람은 괴로운 힘을 들이지 않고 빨리 천상에 나서, 세상의 좋은 곳을 찾아 속히 낙을 받게 되나이다. 어떤 어진 이는 벼랑에서 몸을 던지거나 몸을 태우거나 보시하여 천상에 나게 됩니다." [03]

---

03 대정장 Ⅲ, p.747b: "菩薩又言: '我且問汝世間近法, 若人殺羊, 祭祀天已, 得如法者, 何故不殺所愛親族而祭祀天? 是故我知殺羊祭祀, 無有功德. 汝行雜法, 意欲如是.' 爾時, 菩薩遙見去此坐處不遠, 有一叢樹, 如尸陀林, 菩薩見已, 告彼苦行諸師等言: '尊者但看彼處所, 名何苦行? 而彼林下, 或有死屍, 諸鳥所食; 或有死屍, 白骨而聚, 今者現見. 或有死屍, 以火焚燒, 成一聚骨; 或有死屍, 懸著樹上; 或有死屍, 被其眷屬之所殺害, 莊嚴其座, 依法而葬, 後生慚愧. 或有死屍, 眷屬圍遶, 相逶來向尸陀林中, 安置於地訖還歸舍.' 其苦行師, 又復更言: '仁者王子! 然其彼處尸陀林者, 四輩共同, 無有簡選, 平等施身, 福德之地, 名爲曠野. 此處地方, 布施身者, 不用苦力, 速生天上, 求世勝處, 速得受樂. 或有仁者, 投身絶崖, 或燒或施, 而生天上.'"

위와 같이 『불본행집경』은 인도의 다양한 장례 방식을 말해주는데, 이는 초기 경전의 여러 곳에서도 확인된다.

마찬가지로 7세기 인도 상황을 정치하게 기록한 현장玄奘 스님의 『대당서역기』에는 당시 세 가지 장의葬儀로서 화장, 수장水葬, 야장野葬을 든다. 여기서 야장은 시신을 숲에 버려 짐승에게 먹게 한다는 점에서 그의 여행기 다른 곳에서 확인되는 한림寒林의 시신을 말하는 것이다. 이는 현장 스님보다도 먼저 인도를 찾은 5세기 법현法顯 스님의 『법현전』에서도 나타난다. 여기서 야장은 풍장風葬이나 기장棄葬을 의미하는 것으로 짐작된다. 하지만 구법승들은 독수리 같은 새들에게 쪼아 먹히게 하는 조장鳥葬도 일종의 야장으로 보았기에 특별히 언급하지 않았을 것이다. 마찬가지로 힌두 성자들에만 해당하는 시신을 땅을 묻는 매장도 아주 드문 경우라서 특별히 언급하지 않았을 것이다.

앞의 인용 경전에서 양이나 염소를 죽여 하늘에 제사 지내는 장례는 당시 바라문의 희생제의를 말한다. 이는 『본생경Jātaka』에 '죽은 자에 대한 희생제물Matakabhatta-Jātaka'이라는 제목으로도 나타난다.[04] 물론 부처님은 이렇게 양이나 염소를 죽여 바치는 제의로써는 아무런 공덕도 없다고 비판한다. 이러한 희생제의는 바라문교뿐만 아니라 세계 각지의 여러 부족 집단에서도 행해졌다. 일례를 들면

---

04   Jātaka I, p.166.

지금도 인도의 콜 부족은 염소의 목을 치는 희생제의를 행하고 있다.[05] 이 경전은 불교 흥기 지역의 여러 장례법을 알려준다는 점에서 중요하다. 흥미로운 사실은 시신을 독수리 같은 날짐승에게 먹어 치우게 하거나 나무 위에 걸쳐놓는 장례법 등도 나타난다는 것이다.[06]

고대인도의 장례법 차이는 바라문교의 고대 서적 가운데『찬도기야 우파니샤드Chādogya Upaniṣad』가 비교해서 잘 말해준다.[07]『찬도기야 우파니샤드』는 초기 우파니샤드로, 성립 시기를 불교 흥기 이전이나 그 즈음하는 시기로 본다.[08] 이 우파니샤드는 바라문 장례법과 이에 대척되는 아수라Asura의 장례법을 구분한다.

먼저 바라문의 장례법은 바라문과 바라문 신에 대한 보시로써, 베다에 대한 믿음으로써, 그리고 희생제의로써 죽은 사람을 다른 세계에 태어나게 할 수 있다고 한다. 이는『찬도기야 우파니샤드』

---

05 이 콜(Kol) 부족은 부처님 시대의 Kolya의 후예일 가능성이 있다. Kolya는 Kola라고 불리지만 현재 인도의 언어에서는 뒤 모음이 생략되는 경우가 많다.

06 이러한 장례법은 티베트의 조장(鳥葬)을 생각하게 한다. 이 때문에 Vincent A. Smith는 석가족을 아리야계가 아닌 티베트 계통의 몽골계라 주장하였다. 이에 서구 학자들은 충격으로 받아들였고, 또한 조롱받았다고 한다.(H. Nakamura, *Gotama Buddha*, Los Angeles-Tokyo: Buddhist Books International p.8) 이처럼 서구 학자들은 대체로 석가족이 아리야계로 자신들과 동족이었을 것으로 믿는 경향이 강하다.

07 Chādogya Upaniṣad Ⅷ. 8. 5.

08 성립사에 대한 논의는 조준호의『우파니샤드 철학과 불교-종교문화적 그리고 사상적 기원에 대한 비판적 검토』, 경서원, 2004, pp.28-50 참조.

뿐만 아니라 후대 바라문 전적에서도 일치하는 내용이다. 이에 반해 아수라는 바라문에 대한 보시, 베다에 대한 믿음, 그리고 희생제의도 하지 않는 장례의식을 행한다고 비판한다. 그러면서도 아수라 사람들의 장례식은 죽은 자가 다른 세계에 태어나는 것을 기대한다고 한다. 다시 말해 아수라의 장례식은 죽은 사람에 대한 '아수라의 교리'를 따르고 있는 것이다. 이에 바라문들은 아수라 사람들이 장례식에서 음식과 향, 꽃, 옷, 여러 장식물을 꾸며 지내는 장례로써 다른 세계에 나는 것을 기대한다고 비웃고 있다. 그러면서 이러한 장례로는 결코 좋은 내세를 기대할 수 없다고 단언한다.

　여기서 희생제의가 아닌 향과 꽃, 옷, 여러 장식물을 거론하는 아수라의 장례법은 곧바로 부처님의 장례법을 연상케 한다. 이러한 차이는 『장아함경』의 「구라단두경究羅檀頭經」과 상응하는 빠알리 경전에서도 대비되어 나타난다. 실제로 바라문계에서는 불교를 지속적으로 아수라라는 프레임을 씌어 대응하였다.[09] 또한 고대 바라문 전적은 자이나교와 불교의 활동 지역인 인도아대륙 동북부를 아수라들이 사는 곳으로 지칭하였다. 바라문은 불교가 흥기한 지역의 사람들을 또한 브라띠야Vrātya가 사는 지역으로 낮추어 불

09　조준호 앞의 책, p.191: "그중에서도 『아그니 뿌라나』는 앞의 『비쉬뉴 뿌라나』와 비슷한 내용을 담고 있으며 다음과 같은 내용을 더하고 있다. 그것은 비쉬뉴 신이 숫도다나왕(정반왕)의 아들인 고타마로 화현하여 아수라와 같은 악신들에 가서 『베다』와 제사를 따르지 않도록 가르침을 베풀어 모든 아수라들을 불교도로 만들어 지옥에 가도록 하였다고 하는 것이다."

44　다비, 무형문화유산으로서의 가치와 전승

렀다. 일종의 잡종들이 사는 수준 낮은 지역이라는 뜻이다. 바라문의 『마누법전』은 브라띠야를 드라비다족과 함께 석가족의 근친 부족인 말라Malla족이나 릿차비Licchavi족도 포함시키고 있다. 이 때문에 브라띠야가 인종적·문화적으로 바라문계와 다를 것이라는 논쟁이 오래전부터 있어왔다. 바라문의 오래된 문헌에 따르면, 불교가 일어난 지역인 인도 동북부의 마가다, 벵골, 아쌈 등을 아수라 지역 또는 브라띠야로 불렀다고 한다.[10]

이로써 불교 흥기 즈음하여 고대인도에는 두 가지 장례법이 있었음을 알 수 있다. 즉 초기 불교 경전에서 확인되는 향과 꽃, 물감, 옷 등의 여러 장식물로 치르는 부처님의 다비는 기본적으로 바라문교가 아닌 동북부 지역의 아수라 또는 브라띠야의 장례법을 따른 것임을 알 수 있다. 기본적으로 바라문의 희생제의 방식이 아닌 향과 꽃, 옷, 여러 장엄물을 치장하여 죽은 자에 대한 장례를 치른 것이다. 또한 당시 이 지역은 인류 역사상 장례의식에서 향과 꽃, 다채로운 물감, 장식 천 등과 같은 공양물과 장식물로 장례를 치르는 기원지였을 것이다. 불교 경전은 이에 더하여 악기 연주와 노래와 춤 등이 동원된 일종의 축제 방식으로 장례가 치러졌음을 보여준다.

---

10   Radhakrishna Choudhry, *The Vrātya in Ancient India*, Varanasi: Chowkamba Sanskrit Series Office, 1964. pp.21-25.

3. 재가자의 화장

앞서 불교 흥기 즈음하여 여러 가지 장례 방법을 살펴봤는데, 여기
서는 화장에 초점을 맞추어 출가자가 아닌 일반인의 화장은 어떻
게 나타나는지를 살펴본다. 먼저 『앙굿따라 니까야Aṅguttara Nikāya』
에 따르면 왕비의 죽음과 관련하여 화장과 함께 탑을 세웠다고 한
다. 문다왕의 아내 밧다Bhaddā 왕비가 죽자, 왕은 식음을 전폐하고
왕비의 시신에서 눈을 떼지 못한 채 아무것도 하지 않았다. 심지어
왕은 왕비의 몸을 오래 볼 수 있도록 참기름 쇠통에 시신을 넣어 다
시 철관에 보관하였다. 그러고는 밤낮으로 시신을 떠나지 않고 계
속해서 지켜보았다. 그러다가 한 신하의 권유에 따라 나라다 비구
로부터 생사에 대한 가르침을 듣고 마침내 슬픔을 이겨내고 왕비
의 시체를 화장하고 왕비를 기념하는 탑을 세웠다.[11]

여기서 놀라운 것은 왕비에 대한 왕의 편집증적인 사랑이 아니
다. 시신 처리 방법이 부처님의 다비식과 닮아 있다는 점이다. 더
나아가 왕비를 화장한 후 탑까지 세웠다는 대목이다. 탑thūpa의 산
스크리트어는 스투파stupa이다. 어떤 형태의 탑을 건립하였는지는
정확히 알 수 없지만, 아마 부처님의 경우처럼 유골 사리와 화장재
를 모아 단지에 넣어 묻고 벽돌이나 비석 같은 돌무더기의 기념물

---

11   Aṅguttara Nikāya Ⅲ, pp.57-62.

을 세웠을 것으로 짐작된다.

이와 비슷한 사례가 인도의 문다족에서도 발견된다. 지금도 문다족은 화장 후 마을 밖 묘지에 사람 키 정도 높이의 돌비석을 세운다. 또한 대표적인 초기 불교 학자인 오스카 본 히누버Oskar von Hinüber의 연구에 따르면, 5세기경 서인도 왕의 왕비들 또한 장례를 마치고 차이티야카caityaka(묘당廟堂 또는 영묘靈廟)를 세웠다는 것을 밝히고 있다.[12] 인도불교사에서 차이티야카는 탑으로도 사용하는 말이다. 한국어로는 지제支堤로 번역되어 우리나라 산 이름에도 많이 쓰인다. 여기서 중요한 사실은 인도에서 화장 후 기념탑으로 스투파를 세운 것은 부처님이나 아라한 등의 고승대덕 스님들뿐만 아닌 재가자의 경우도 행해졌다는 점이다.

또한 여성과 함께 남성도 탑을 세웠음을 알 수 있는 대목도 발견된다. 『중아함경』에는 일곱 토막으로 살해당한 장수왕을 비단천으로 염殮하고 향과 향나무를 쌓아 화장한 후 묘당廟堂을 건립했다는 대목이 나온다.[13] 여기서 묘당은 차이티야caitya 또는 스투파에 대한 번역임이 분명하다. 비단천으로 염하고 향과 향나무를 쌓아 화장하고 묘당을 건립했다는 것은 부처님의 다비와 기본적으로 일

---

12   Oskar von Hinüber, Cremated Like a King: The Funeral of the Buddha within the Ancient Indian Context, The Open Buddhist University: The Journal of the International College for Postgraduate Buddhist Studies. volume=13, 2009, pp.45-46.

13   대정장 I, p.534b.

치한다. 한편 왕이나 왕비와 같이 왕가의 사람들만이 화장 후 탑을 세웠는지, 아니면 귀족이나 일반인도 탑을 세웠는지는 앞으로 밝혀나가야 할 점이다.

또 다른 경우는 『잡아함경』에서 코살라 국왕의 조모가 죽자 성 밖에 나가서 화장을 마치고 돌아오는 장면을 살펴볼 수 있다.[14] 여기서 화장(사유闍維)하고 공양사리供養舍利 하고서 부처님을 찾았다고 하는데, 공양사리가 탑 조성을 의미하는지는 정확하지 않다.

이렇듯 초기 경전에서는 일반 재가자도 화장을 하였다. 그 가운데 『근본설일체유부비나야』에 따르면, 한 출가자가 속가 부친의 화장 전후에 집을 찾는데, 이를 통해 당시 장례문화를 엿볼 수 있다. 비구가 임종에 가까운 아버지에게 다음과 같이 법을 설한다.

> 아버지는 걱정하지 마십시오. 왜냐하면 아버지는 지금 저를 선지식으로 삼은 인연으로 불-법-승에 귀의하여 5학처를 받으시고 보시하고 지계하고 널리 여러 가지 복을 닦으셔서 이 고통스러운 몸을 버리면 마땅히 좋은 곳(선도善道)에 태어나실 것이니, 천당과 해탈은 가벼운 장막으로 막아놓은 것과 같습니다. 장차 몸이 돌아가시고 나면 반드시 하늘에 나실 것입니다.[15]

---

14   대정장 II, p.335b.

15   대정장 23권, p.659a: "白言父於今時勿復憂慮. 所以者何. 父今因我爲善知識. 歸佛法僧受五學處. 布施持戒廣修諸福. 捨此苦身當生善道. 天堂解脫如隔輕幔."

얼마 후 비구의 부친은 별세하고 계모는 장례의식을 갖추어 임야에서 남편을 화장(분소)하였다. 이 소식을 들었는지 비구는 계모에게 부친의 임종과 관련해 법을 설하기 위해 다시 집을 찾는다. 아마 임종 후 당일에 화장을 하는 장례법을 따랐을 터라 미처 출가한 아들에게 알리고 화장할 겨를이 없었을 것이다. 이로써 출가한 아들이 속가 부친에게 '좋은 곳에 태어날 것'이라는 위로의 말에서 당시의 화장과 관련한 장례문화의 함의를 읽어볼 수 있다.

초기 불교 화장과 관련한 출가와 재가의 관계에서, 출가자가 재가자의 장례를 어디까지 관여했는지도 밝혀보아야 할 것이다.『증일아함경』에서 아난존자는 한 장자를 제도한 후 그가 죽자 곧바로 화장을 하고 세존을 찾아뵙고 알리는 장면이 나온다.[16] 아마 출가 비구의 입장에서 장례의식을 집행하기보다는 친족들에 의한 장자의 장례를 마지막까지 참관한 것을 말하는 것일 테다.

4. 출가 비구의 화장

초기 불교 경전에서는 출가 비구의 화장 다비도 찾아볼 수 있는데, 몇 가지 사례를 제시하면 다음과 같다. 하루는 우파선나優波先那라

---

16   대정장 II, p.740a.

는 비구가 시체를 버리는 곳, 이른바 시다림尸陀林, Sītavana 가까이 동굴에서 좌선하다가 천장에서 떨어진 독사에 물려 죽었다.[17] 이에 사리불이 시신을 밖으로 옮겨와 (다비) 공양을 했다고 한다. 다비식에 관한 구체적인 설명은 없지만, 이에 따르면 같은 초기 불교에서는 출가 비구가 직접 다비식을 거행했음을 알 수 있다. 이는 『잡아함경』의 「우다나경優陀那經」에 나타나는 비구의 화장에서 증명된다.

한 비구가 세존으로부터 가르침을 들은 후 새끼 송아지를 낳은 어미 소에 받혀 죽었다. 이에 세존은 그 비구의 죽음을 보고 다른 비구들을 시켜 화장하게 하고 탑을 세우라고 지시한다.[18] 비구들은 죽은 비구의 시신을 들것에 실어다 화장한 후 탑을 세운다. 이를 통해 초기에는 비구들이 다른 비구의 화장을 직접 행했음을 알 수 있다. 물론 여기서 재가자의 조력이 있었지만 생략되었을 수도 있다.

그러다가 후대로 오면 출가자의 화장을 주로 재가자가 전담하게 되는데, 이는 교단이 공고히 성립되었을 때일 것이다. 여기서 한 가지 더 언급할 사항은 부처님을 만난 지 얼마 안 되는 비구의 죽음조차도 부처님은 제자들에게 화장 후 탑을 세울 것을 말하고 있다는 점이다. 이에 제자들이 궁금했던지 죽은 비구의 미래가 어떻게 되었는지 묻는다. 이에 부처님은 '완전한 열반'에 들어 더 이상 나지 않음을 성취하였다고 선언한다. 즉 탑을 세워줄 자격이 있다는

---

17   대정장 Ⅱ, pp.60c-61a.
18   Udāna, pp.8-9.

것이다. 이 사례를 통해 불교에서 화장 후 탑을 세울 수 있는 도과道果의 범위를 알 수 있게 해준다.

또한 출가자가 화장을 하게 된 계기는 『근본설일체유부비나야잡사根本說一切有部毘奈耶雜事』에서 인연담으로 알려주고 있다. 한 출가자가 병 때문에 죽었는데 다른 비구들이 시체와 아울러서 그의 의발을 길가에 버렸다. 이에 사람들이 보고 "사문 석가의 제자는 죽으면 내버리는군" 하고 승려들을 비난하였다. 이 때문에 부처님이 비구의 장례법에 관해 설했다고 한다.

그가 모든 사람들에게 그것이 장자의 아들이라는 것을 알리니, 제각기 서로 비난하였다.

"석가에게 출가한 자는 의지와 믿을 만함이 없구나. 만약 그대로 세속에 있었으면 친척들이 반드시 법대로 화장을 했을 것인데….."

비구가 이 일을 부처님께 아뢰니, 부처님께서 말씀하셨다.

"비구가 죽거든 마땅히 공양을 하라."

비구들이 어떻게 공양해야 할지 모르니, 부처님께서 "마땅히 불사르라"고 하셨다.

구수 아파리가 세존께 아뢰었다.

"부처님께서 말씀하시기를, '이 몸 가운데에는 8만의 충이 있다'고 하셨는데 어떻게 불사를 수 있나이까."

부처님께서 말씀하셨다.

"그 모든 벌레들은 사람이 살면 따라서 살고 사람이 죽으면 따라서 죽는 것이니, 그것은 허물이 없느니라. 그리고 몸에 상처가 있거든 충이 없나 살펴보고 화장하여라."

화장을 하고자 하였으나 땔감이 없으니, 부처님께서 말씀하셨다.

"강물 속에 버려라. 만약 강이 없으면 땅을 파고 묻어라."

여름 동안은 땅이 습하고 개미와 벌레가 많았다.

부처님께서 말씀하셨다.

"풀떨기가 깊이 우거진 곳에 머리는 북으로 하여 오른쪽 옆구리로 누이고 머리를 풀단으로 괴어줄 것이며, 풀이나 나뭇잎으로 그 몸을 덮어주라. 그리고 장례를 보내는 비구는 능한 자로 하여금 「삼계무상경三啓無常經」을 외우고 아울러 게송을 설하여 그를 위한 축원을 해주라."

장사를 끝내고 절에 돌아와서는 목욕을 하지 않고 그대로 흩어지니, 속인들이 보고 모두들 비난하였다.

"석가의 제자들은 아주 불결하기 짝이 없다. 송장을 다루고도 몸을 씻지 않다니…."

부처님께서 말씀하셨다.

"그렇게 하지 말라. 마땅히 몸을 씻을지니라."

그들이 곧 모두 씻으니, 부처님께서 말씀하셨다.

"만약 시체에 닿은 자는 옷까지도 모두 씻을 것이요, 닿지 않은 자는 다만 손발만 씻어도 되니라."

그들이 절에 돌아와서 탑사制底에 절을 하지 않으니, 부처님께서 말씀하셨다.

"마땅히 절을 할지니라."[19]

　이는 율장에서 출가 제자들의 죽음과 관련하여 부처님이 직접 장례의식을 설한 것으로 볼 수 있다. 하지만 율장을 통틀어 다비 절차를 상세하게 규정해놓은 율 조항은 찾아보기 어렵다. 이것이 무엇을 의미하는지는 또 다른 논의가 필요할 것이다.

　나아가 앞에서 인용한 비구들의 장례에 관한 율장은 초기 불교 전적에 속하지만 내용으로 볼 때 후대에 편집되었을 것이다. 왜냐하면 화장 시 특정한 경을 외고 화장 후 목욕 문제 등에 이르기까지 화장 절차가 상당히 구체적으로 설해지고 있기 때문이다. 즉 화장 전에 시신의 머리는 북으로 하여 오른쪽 옆구리로 누이고, 머리를 풀단으로 괴어주고 나서 「삼계무상경」을 외우고, 아울러 게송을 설하여 그를 위한 축원을 하라는 내용이 그것이다.

　그렇지만 위에서 인용한 율장은 불교 교단이 화장을 장례법으로 택해온 배경을 잘 담고 있는 전거로 들 수 있다. 그리고 이 율장

19　대정장 24권, pp.286c-287a: 報諸人曰: "是長者子." 各共生嫌: "於釋子中爲出家者無有依怙, 向若在俗, 諸親必與如法焚燒. 苾芻白佛, 佛言: "苾芻身死, 應爲供養.苾芻不知云何供養?佛言: "應可焚燒.具壽鄔波離請世尊曰: "如佛所說於此身中有八萬戶虫, 如何得燒?"佛言: "此諸蟲類, 人生隨生, 若死隨死, 此無有過. 身有瘡者, 觀察無蟲, 方可燒殯.欲燒殯時無柴可得, 佛言: "可棄河中. 若無河者, 穿地埋之. 夏中地濕多有蟲蟻, 佛言: "於叢薄深處, 令其北首, 右脅而臥, 以草稕支頭, 若草'若葉覆其身上. 送喪苾芻可令能者誦三啓無常經, 并說伽他爲其呪願. 事了歸寺便不洗浴隨處而散, 俗人見譏, 咸言: "釋子極不淨潔, 身近死屍身不洗浴. 佛言: "不應爾, 應可洗身. 彼卽俱洗, 佛言: "若觸屍者連衣俱洗, 其不觸者但洗手足.彼還寺中不禮制底, 佛言: "應禮制底."

이 전하는 바처럼 불교 교단은 원래 비구의 사망 시 초장草葬이나 수장水葬 그리고 매장埋葬 등과 같은 매우 간단한 시신 처리를 하였을 가능성이 크다. 왜냐하면 불교 승가는 이곳저곳을 유행遊行해야 하는 여건상 죽은 자의 시신 처리에 시간과 힘을 많이 쏟을 수가 없기 때문이다.

하지만 차츰 일정한 장소에 일정한 수행처 공간으로 교단이 확립되면서 세속의 상류사회에서 행하는 것처럼 화장이 도입되었을 것이다. 하지만 이 또한 모든 비구에게 해당되는 장례법은 아니었을 것이다. 대체로 화장은 교단에서 어느 정도 덕망이 있는 고승들의 장례법이었다. 이러한 상황을 보여주는 맥락이 바로 "화장을 하고자 하였으나 땔감이 없으면 강물 속에 버려라. 만약 강이 없으면 땅을 파고 묻어라"라고 하는 부분이다.

현재에도 그러하지만 불교 흥기 당시에도 인도에서는 사람이 죽으면 하루 만에 시신을 처리하였다. 지금도 연료로 마른 쇠똥 등이 사용되고 시신을 화장할 만한 장작을 제대로 구하지 못해 반쯤 타다 만 시신을 강에 던지는 경우가 많다. 더군다나 상당한 양의 장작을 보시받지 못하는 상황에서 출가자가 직접 산림에서 나무를 해오거나 베어와야 하는데, 이 또한 계율에 저촉되는 사항이다.

이와 같은 이유로 초기 불교 시대에는 대체로 화장, 수장, 매장 그리고 초장 또는 야장과 같은 네 가지 정도의 장례법이 부처님에 의해 제시되고 있는 것으로 이해할 수 있다. 즉 비구의 시신을 길가나 시다림 등에 투기한 것이 아니고 가능하면 화장을 택했던 것이다. 따라서 부처님은 출가 비구의 장례를 한 가지 방법만 고집한 것이 아니라 상황과 여건에 따라 화장 → 수장 → 매장 → 초장 또는 야장과 같은 차선의 방법을 제시한 것으로 이해할 수 있다.

이처럼『근본설일체유부비나야잡사』에 나타난 화장법은 인도 불교사에서 일반적으로 행해진 장례의식이었다. 이를 알 수 있는 것이 7세기에 불교 발상지인 인도를 현장 답사한 의정 스님의 보고서이다. 스님은 "내 눈으로 증험한바"라는 표현으로 당시 인도불교의 문화를 생생하게 전하는데, 비구의 다비 장례를『남해기귀내법전南海寄歸內法傳』에서 다음과 같이 증거하고 있다.

> 부처님의 가르침에 근거하면 비구로서 죽은 사람은 결정적으로 그의 죽음이 확인되면 그날로 두 사람이 시신을 마주 들고 화장터(소처燒處)로 가서 곧 불로 태워야 한다. 시신을 태울 때가 되면 친한 벗들이 모두 모여 한쪽에 앉는데 혹 풀을 엮어 자리를 만들기도 하고 혹 흙을 모아 대臺를 만들기도 하며 혹 벽돌을 가져다놓고 이것으로 앉을 자리를 충당하기도 한다. 경을 잘 외우는 사람으로 하여금「무상경無常經」을 반 장 혹은 한 장 외우게 하되 피곤하게 오래 지속하지 못하게 한다. 그 경은 별록別錄에 첨부하였다.
>
> 그런 다음에 각기 무상無常을 생각하면서 다시 거주하는 곳으로 돌아와서 절 밖 연못에서 옷을 입은 채 함께 목욕한다. 연못이 없는 곳에서는 우물로 가 몸을 씻는다. 이 경우 모두 헌 옷을 사용하고 새 옷은 더럽히지 않고 따로 마른 옷을 입은 후에 방으로 돌아

가서 땅을 쇠똥으로 깨끗이 바른다. 그 밖의 다른 일은 모두 예전
과 같이 한다. 의복의 위의는 일쩍이 한 조각도 다른 점이 없다.
혹 그의 사리를 거두어 죽은 사람을 위하여 탑을 만들기도 하는데
이것을 구라倶攞라 부르며 형상이 작은 탑과 같으나 위에 윤개輪蓋
가 없다. 그러나 탑에는 보통 사람과 성인의 구별이 있음은 율장
안에서 자세히 논한 것과 같다. 어찌 석가모니의 성교聖敎의 가르
침을 버리고 주공周公의 속례俗禮를 쫓아 몇 달을 호곡號哭하고 3년
동안 상복을 입는 일이 용납되겠는가. [20]

이처럼 출가자의 다비는 인도불교에서 면면히 행해져 오고 있
음을 알 수 있다. 즉 출가자의 죽음이 완전히 확인되면 당일에 두
사람이 들것에 실어 화장터로 옮겨 화장하였다는 것이다. 여기서
비구의 시신을 들고 나가는 사람을 따로 재가자로 명시하지 않은
것으로 보아 승단 내의 다른 출가 스님일 것으로 추정된다. 그리
고 의례로서 다비장 한쪽에 다비가 끝날 때까지 출가자들이 앉아
서 지켜보는 대臺를 설치하였다는 것을 알 수 있다. 또한 장례의식

---

20   대정장 54권, p.216c: "然依佛敎, 苾芻亡者觀知決死, 當日舁向燒處, 尋卽以火焚之.
      當燒之時, 親友咸萃在一邊坐, 或結草爲座, 或聚土作臺, 或置甎石以充坐物, 令一能
      者誦無常經半紙一紙, 勿令疲久, 其經別錄附上. 然後各念無常, 還歸住處. 寺外池內
      連衣竝浴, 其無池處就井洗身, 皆用故衣不損新服, 別著乾者然後歸房. 地以牛糞淨
      塗, 餘事竝皆如故, 衣服之儀曾無片別. 或有收其設利羅爲亡人作塔, 名爲倶攞, 形如
      小塔上無輪蓋. 然塔有凡聖之別, 如律中廣論. 豈容棄釋父之聖敎, 逐周公之俗禮, 號
      咷數月, 布服三年者哉!"

으로「무상경」이 참여자들의 합송이 아닌 한 사람에 의한 낭송임을 알 수 있다. 이「무상경」은 마찬가지로『남해기귀내법전』을 쓴 의정이 한역하였다. 다비를 마치고 목욕을 하고 땅을 쇠똥으로 바르는 것은 현재 인도의 정화 의례로 이어지고 있다.

한편 사리 수습 후에는 탑이 건립되기도 하는데, 앞에서 말한 것처럼 모두 그렇다는 것은 아닐 것이다. 초기 경전에 따르면 탑을 세울 수 있는 자격을 갖춘 성인은 제한되어 있다. 그렇기에 덕이 상당한 출가자에 한하는 것으로 볼 수 있다.

5. 부처님의 화장

초기 경전 가운데 부처님의 다비는 이외로 간단하게 나타나기도 한다.『잡아함경』의 「입멸경入滅經」에는 아주 짧게 소개하고 있다. 간략하게 정리하면 다음과 같다.

세존은 오늘 밤 반열반에 들 것이기에 아난에게 머리를 북쪽으로 둘 수 있게 준비시켰다. 세존은 북쪽으로 머리를 두고 오른쪽 옆구리를 바닥에 대고 누워 발을 포개고 한밤중에 무여열반에 드셨다. 아난은 세존이 열반하신 지 이레 뒤 유체를 다비장인 지제枝提, cetiya에 옮겼다. 이때 세존은 스스로 불을 내어 몸을 감싼 오백 벌의 고운 모포와 몸을 염한 천 벌의 고운 흰옷을 불을 내어 태운 것

으로 나타난다.[21]

　　다른 부파에 상응하는 『별역잡아함경』에는 "부처님께서 열반에 드신 지 이레를 경과한 후에야 아난다는 여래를 화장하고 오른쪽으로 돌면서 게송을 말하였다"라고 쓰여 있을 정도로 더 간단하다.[22] 이에 상응하는 빠알리 경전인 『상윳따 니까야Saṁyutta Nikāya』의 「빠리닙바나 숫따Parinibbāna Sutta」에는 반열반만 묘사하고 다비에 관한 이야기는 아예 없다. 부처님의 입멸을 설한 『잡아함경』의 「우다나경」도 마찬가지이다.[23] 물론 『잡아함경』이나 『상윳따 니까야』는 짧은 길이의 경전을 묶었기 때문일 수 있다.

　　하지만 긴 길이의 경전 모음인 『장아함경』의 「유행경」과 이에 상응하는 빠알리 경전 『디가 니까야』의 「대반열반경」은 대단히 자세하게 부처님의 입멸과 함께 다비와 사리 분배의 소식을 전하고 있다. 이 두 경전은 『장아함경』과 『디가 니까야』에서도 가장 긴 길이의 경전이다. 이 경전을 자세히 분석해보면 많은 부분이 초기의 여러 경전을 부처님의 마지막 여로라는 주제에 맞추어 구성하고 있음을 알 수 있다. 여기서는 「유행경」을 중심으로 부처님의 다비를 살펴본다.

21　　대정장 Ⅱ, p.325b-c.

22　　대정장 Ⅱ, p.414a.

23　　Udāna, pp.62-64.

먼저 아난은 세존이 반열반에 가까워졌음을 알고 부처님의 장례법을 어떻게 해야 하느냐고 질문한다. 이에 세존은 재가자들이 스스로 나서서 장례를 치를 것이라고 알려준다. 그러면서 여래의 다비는 전륜성왕의 다비와 같이 하라고 이른다. 이어서 전륜성왕의 다비 방법을 다음과 같이 설한다.

전륜성왕의 장례법은 우선 향탕香湯으로 몸을 씻고, 새 겁패(무명천)로 몸을 두루 감되 500겹으로 차곡차곡 묶듯이 감쌉니다. 몸을 황금관에 넣고 깨기름을 부어 채운 뒤, 황금관을 들어 두 번째 쇠관에 넣고, 전단향나무로 짠 덧관으로 그 겉을 거듭 쌉니다. 온갖 기이한 향을 쌓아 그 위를 두텁게 덮고 사유闍維합니다. 그 뒤에 다시 사리를 거두어 네거리에 탑을 세우고 표찰表刹에는 비단을 걸어 온 나라의 길 가는 사람들이 모두 왕의 탑을 보게 하여, 그 바른 교화를 사모해 많은 이익을 얻게 해야 합니다.

부처님께서 말씀하셨습니다.

'아난아, 네가 나를 장사 지내려 하거든 ①먼저 향탕으로 목욕시키고 ②새 겁패로 몸을 두루 감되 500겹으로 차곡차곡 묶듯이 감싸라. ③몸을 황금관 안에 넣고 깨기름을 부어 채운 뒤, ④황금관을 들어 두 번째 쇠관에 넣고, ⑤전단향나무로 짠 덧관으로 겉을 거듭 싸라. ⑥온갖 기이한 향을 쌓아 그 위를 두텁게 덮고 그것을 사유하라. ⑦다시 사리를 거두어 네거리에 탑을 세우고 ⑧표찰에는 비단을 걸어 온 나라 길 가는 사람들이 모두 그 불탑을 보게 하여, 여래 법왕의 도의 교화를 사모해 살아서는 행복을 얻고 죽어서는 천상에 태어나게 하라. 단, 도를 얻은 자는 제외한다.' [24]

이와 같이 부처님은 아난존자에게 전륜성왕의 장례법에 준하여 대략 여덟 단계의 장례의식 절차를 제시해준다. 물론 이러한 절차는 이후 여러 부파 소속의 열반경마다 조금씩 차이를 보인다. 또한 『불반니원경佛般泥洹經』, 『반니원경般泥洹經』, 「대반열반경」 그리고 『근본설일체유부비나야잡사』 등은 더욱 상세한 의식 절차를 부가하고 있다.

다음으로 세존은 탑을 세워 향과 꽃과 비단으로 만든 일산日傘과 음악으로 공양할 만한 네 부류의 사람을 설한다. 첫 번째는 여래如來, 두 번째는 벽지불辟支佛, 세 번째는 성문聲聞, 그리고 네 번째는 전륜왕이라 한다. 여기서 성문은 완전한 열반을 성취한 아라한을 의미하는지, 아니면 어느 정도 도과를 성취한 제자를 말하는지 문제가 될 수 있다. 앞서 출가 비구의 화장에서 어미 소에 받혀 죽은 비구의 사례를 통해 부처님은 완전한 열반을 성취한 비구로 한

---

24 대정장 I, p.28b: "聖王葬法. 先以香湯洗浴其身. 以新劫貝周遍纏身. 五百張疊次如纏之. 內身金棺. 灌以麻油畢. 擧金棺置於第二大鐵槨中. 栴檀香槨次重於外. 積衆名香. 厚衣其上而闍維之. 收拾舍利. 於四衢道起立塔廟. 表刹懸繒. 使國行人皆見王塔. 思慕正化. 多所饒益. 阿難. 汝欲葬我. 先以香湯洗浴. 用新劫貝周匝纏身. 以五百張疊次如纏之. 內身金棺. 灌以麻油畢. 擧金棺置於第二大鐵槨中. 栴檀香槨次重於外. 積衆名香. 厚衣其上而闍維之. 收撿舍利. 於四衢道起立塔廟. 表刹懸繒. 使諸行 人皆見佛塔. 思慕如來法王道化. 生獲福利. 死得上天. 除得道者."

정했음을 알 수 있다. 또한 산치대탑(인도 아소카왕이 세운 탑) 등에서 발견되는 제자들의 사리탑이 사리불이나 목련존자와 같은 제자들이라는 사실도 이를 증명한다. 마찬가지로 벽지불, 즉 독각불獨覺佛도 완전한 열반을 성취한 존재임이 분명하다.

다음으로 사리쌍수 사이에 누울 자리를 마련하되 머리는 북쪽으로 얼굴은 서쪽으로 향하도록 하는데, 그 이유는 불법이 널리 퍼져 장차 북방에서 오래 머물 것이기 때문이다. 그러나 여기에는 여러 논의점이 내포되어 있다. 흔히 반열반에 임해 북쪽에 머리를 두라는 의미를 부처님의 석가국을 향했기 때문이라는 설명이 있지만, 이는 재래의 인도 장례문화와 연관될 가능성이 크다. 장례 전후 시신의 머리 방향은 베다에 나타나는 방향이기도 하지만, 마찬가지로 베다 이전의 인더스문명 지대의 무덤에서 나타나는 방향이기도 하기 때문이다.[25] 더욱이 현재 인도인의 장례에서도 이 점을 엄격하게 지키고 있다.

세존은 몸소 승가리僧伽梨를 네 겹으로 접어 오른쪽 옆구리를 붙이고 사자처럼 발을 포개고 누우셨다. 그리고 9차제정九次第定을 차례로 넘나들다가 제4선에서 일어나 반열반하셨다. 이에 아난은 눈

---

25 태양신 영향으로 그리스, 로마 그리고 기독교는 동쪽 방향인 데 반해 유대인과 이슬람교는 각각 이스라엘 땅이나 메카를 기준으로 머리 방향을 둔다. 한국은 전통적으로 매장 시 시신의 머리를 북쪽으로 두는데, 그 이유는 저승의 위치와 관련한 내세관 때문이라 한다. 이러한 이유로 북쪽에 머리를 두고 자지 않고 동쪽에 머리를 두고 자는 관행을 보여준다.

물을 흘리면서 한 비구를 데리고 말라족이 사는 성으로 들어가 부처님의 입멸을 알리고, 부처님의 장례의식을 치르는 공덕은 매우 큰 것이라 말했다. 그러자 말라족은 저마다 자기 집으로 돌아가 향과 꽃과 악기를 마련해 쌍수로 나아가 사리에 공양했다. 그리고 서쪽 성문으로 나와 높고 탁 트인 장소로 가서 화장했지만, 입멸 후 7일이 지나서야 다비에 붙이게 되었다.

그 전에 사람들은 함께 성으로 들어가 거리와 골목길을 평평하게 고르고 물을 뿌려가며 쓸고 향을 피웠다. 그리고 성을 나와 사라쌍수 사이에서 향과 꽃과 음악으로써 사리를 공양했다. 화장하고 7일이 지나 해가 저물 무렵 부처님 몸을 평상 위에 안치하고 말라족 동자들이 네 귀를 받들어 들었다. 깃발과 일산을 받쳐 들고 향을 피우고 꽃을 뿌리고 여러 가지 음악을 연주하며 앞뒤에서 인도하고 따르며 편안하고 조용하게 행진했다.

말라족 사람들은 장구葬具·향화香花·겁패劫貝·관棺·곽槨·향유香油 그리고 흰 천을 마련하여 아난존자가 일러준 대로 장작더미(불적佛積)에 불을 붙이려 했다. 그러나 불이 좀처럼 붙지 않았다. 그런데 제자 500명과 함께 유행하던 대가섭大迦葉이 세존의 입멸 소식을 듣고 뒤늦게 도착하여 부처님의 유체에 예를 표하자 화장 더미는 불을 붙이지도 않았는데 저절로 탔다. 그리고 여래의 사리를 수습하여 여덟 개의 탑을 세우고, 아홉 번째에는 병탑瓶塔, 열 번째에는 재를 보관한 탑, 열한 번째에는 생시의 머리칼을 보관한 탑을 세웠다고 한다.

초기 경전을 바탕으로 부처님의 반열반을 맞이하는 데 있어 사람들의 태도를 세 가지로 정리해볼 수 있다.[26] 첫째는 가슴을 쥐어짜는 슬픔과 애도의 분위기, 둘째는 인간적인 감정을 표현하지 않는 초연한 분위기, 마지막 세 번째는 일종의 축의 분위기가 그것이다. 그런데 전반적인 분위기는 일종의 축제처럼 진행되고 종료되었다고 한다. 이러한 다비의식은 현재도 스리랑카, 미얀마, 태국, 방글라데시 등의 테라바다 불교(남방불교) 국가에서 그대로 재연되고 있다. 나라마다 자세히 살펴보면 모두 부처님 다비식 절차를 그대로 재연하는 방식이다.

또한 초기 경전에서처럼 큰스님의 다비의식은 일종의 지역 축제와 비슷한 분위기가 펼쳐진다. 입적한 스님은 화려한 황금색 상여마차로 운구되며 온갖 꽃과 향으로 공양한다. 다비식은 지역의 사부대중이 운집하여 시작부터 끝까지 웃음소리가 끊이지 않고 악기가 동원되며 춤과 노래가 이어진다. 입적한 스님을 앞에 두고 악기 연주에 맞추어 남녀 또는 남녀 혼성의 집단별 군무가 몇 시간이고 경쟁하듯 계속된다.

한쪽에서는 가사로 덮인 스님에게 꽃 등으로 공양하는 사람들이 이어진다. 다음으로 탁 트인 다비장에서는 스님들끼리 편을 나누어 호각 소리에 맞춰 다비 장작 마차를 차지하기 위한 긴 줄다리

---

26   Dīgha Nikāya II, pp.157-164.

기 경합을 벌인다. 재가자 집단도 마찬가지이다. 이때부터 다비장 하늘에서는 폭죽이 터지기 시작한다. 장작더미에 불을 붙이기 위해 먼저 스님들이 장작더미에 연결된 로켓 폭죽에 차례로 점화한다. 이어 지역 유지인 재가자들이 점화의식으로 폭죽에 불을 붙여 최종적으로 장작더미에 불을 붙인다.

이후 다비장 주변 하늘에는 쉴 새 없이 폭죽이 연발한다. 장작더미에 불이 붙기 시작하면서 스님의 장엄염불이 시작된다. 추도 염불과 중간중간 폭죽 소리가 어우러지면서 빠른 장단의 북과 장구 나발 등의 악기 연주가 다비장 분위기를 한층 고조시킨다. 어느 덧 시간이 지나면 스님의 낭랑한 염불 소리와 화염에 장작 스러지는 소리만이 남는다. 이때부터 운집한 대중들은 대체로 숙연하게 염불 소리와 불타는 장작 소리만을 경청한다. 그리고 다음 날 아침 일찍이 유골 사리를 수습한다.

이에 반해 대승불교권의 다비식은 사뭇 다른 분위기로 진행된다. 테라바다 다비식이 일종의 축제 분위기라면 한국과 베트남 그리고 티베트는 추도 분위기에 가깝다. 그래서인지 다비식은 간간이 눈물과 울음이 뒤섞인 애도의 비장한 분위기로 진행된다. 아마도 유교적인 장례의식의 영향이 아닌가 싶다. 더 나아가 왕생을 빌고, 다시 이 땅에 오시기를 공개적으로 기원하기도 한다.

베트남의 다비식은 우리나라와 가장 비슷한데, 음식과 과일 같은 공양물을 올리고 운구 등의 모든 절차가 주로 스님들에 의해 진행되어 상당히 엄숙하고 절도가 있다. 티베트의 다비식 역시 우리나라와 베트남처럼 처음부터 끝까지 스님들이 진행한다. 그리고 다비식의 진행 방식과 절차가 상당히 의식화되어 있다. 다만 티베트의 다비식이 한국과 베트남의 다비식과 다른 점은 스님들이 퉁소와 소라 등으로 장엄하기도 한다는 점이다.

네팔과 인도 동북부 아쌈 지역의 경우는 티베트 불교권이지만 출가자와 재가자가 함께 다비의식을 집행한다. 그러나 전반적으로는 재가자 중심으로 진행된다. 흥미로운 점은 다비식에 사용되는 요령 등의 불구佛具가 우리나라와 비슷하며 장엄염불 가락도 우리와 비슷하게 느껴진다는 점이다.

참고로 한 가지 덧붙이자면, 붓다의 장례는 「대반열반경」과 달리 아주 소박하게 이루어졌을 것이라는 설이 있다. 일찍이 영국의 석학 T. W. 리즈 데이비스T. W. Rhys Davids는 당시 사문종교의 특성상, 붓다는 아난존자와 함께 유행 중 입멸을 맞이하여 주변의 몇몇 사람들에 의해 장례가 치러졌을 것이라고 추정한다. 나아가 부처님은 평소에 착용했던 가사에 감싸진 채 유행했던 어느 곳에 매장되었을 것으로 추정하기도 한다.[27] 그렇지만 초기 경전의 여러 열반경에 따르면, 붓다의 장례 절차는 전륜성왕처럼 행해졌다고 한다.

이와 관련한 또 다른 문제로 불교 흥기 즈음하는 시기에 바라문

27　이는 필자가 30여 년 전 즈음에 읽은 T. W. Rhys Davids의 저작에서이다. T. W. Rhys Davids는 빠알리성전협회(P.T.S.) 창립자로, 많은 원전 출간은 물론 번역서와 저서도 출간하였다. 기존의 이해와는 다른 주장이어서 퍽 인상적인 내용이었는데, 현재 정확한 출처를 찾지 못하고 추적 중이다.

을 포함하여 또 다른 인도 전적에서 전륜성왕의 용어와 개념, 그리고 32대인상大人相의 어떠한 신상身相 개념도 찾아볼 수 없다는 사실이다.[28] 그렇지만 무슨 이유에서인지 초기 불교 경전은 마치 이전의 전승을 이어받은 것처럼 기술하고 있다.[29] 하지만 이 점에 있어 현재까지도 많은 학자들이 불교 흥기 전후하는 바라문 전적의 직접적인 검증과 전거 제시도 없이 이전의 바라문 전승처럼 단정하여 기술하거나, 아니면 '그럴 것이다'라고 추정해오고 있다.

이 점을 필자는 오랫동안 바라문 전적을 직접 조사해왔지만 의구심을 풀지 못했다. 그러다가 최근 오스카 본 히누버의 연구 결과를 통해 불교 흥기 전후하는 다른 인도 전적에서는 이를 찾아볼 수 없다는 사실을 확인하고 어느 정도 정리되었다.[30]

마찬가지로 고대인도사에서는 왕들의 장례를 전하는 문헌도 많지 않다. 있다고 하더라도 초기 불교 경전에서 말하는 전륜성왕의 장엄한 화장의식은 더더욱 찾아볼 수 없다. 인도의 대표적인 서사

---

28 32대인상에 대해서는 Nathan McGovern의 On the Origins of the 32 Marks of a Great Man, Leuven: The Journal of the International Association of Buddhist Studies. vol. 39, 2016, pp.207-247을 참조.

29 예를 들면 Suttanipāta(1000-1002게송) 등에서는 전륜성왕과 붓다의 32대인상이 바라문 베다에 근거하는 것처럼 기술하고 있는 경우이다. 하지만 이러한 기술은 부파 간 초기 불교의 문헌을 비교 검토하거나 다른 결론에 다다를 수 있다. 또한 Suttanipāta에서도 후세에 부가된 인연담에 해당하는 Vatthagāthā에 나타난다는 점이다.

30 Oskar von Hinüber, Cremated Like a King: The Funeral of the Buddha within the Ancient Indian Context, Tokyo: The Journal of the International College for Postgraduate Buddhist Studies. vol. 13, 2009, pp.33-66 참고.

시인 『마하바라다』나 『라마야나』에서도 마찬가지이다. 영웅의 서사시라는 성격상 엄청나게 장려한 장례식으로 그려낼 법한데도 불구하고 부처님의 다비와 비교하면 소박하다. 예를 들어, 『마하바라다』에서 영웅 크리슈나의 화장도 간략하게 서술되었는데, 다만 그의 화장 장작더미에 네 명의 부인들만이 올라갔다고 전한다.[31]

『라마야나』에서는 좀 더 규모 있는 화장 절차를 보여준다. 라바나왕의 장례는 베다에 바탕한 의식으로 바라문 사제가 주관했다고 한다. 왕의 얼굴이 남쪽을 바라보도록 북쪽에 위치시켰으며 여러 장식과 함께 황금 상여에 안치되었다고 한다. 시신은 전단향, 연꽃, 향기 나는 풀 그리고 양가죽으로 덮었다고 한다. 바라문 사제는 라바나왕의 조상에 공양하고 제호 등의 우유 정제 음식을 시신의 어깨에 붓고 발은 나무반죽으로 감쌌다고 한다. 다음으로 염소를 죽이는 희생제의를 치르고, 다시 시신의 온몸을 천과 볶은 곡류로 덮고 난 후 최종적으로 불을 붙이는 것으로 나타난다.[32] 이러한 수준과 규모는 어느 정도 부처님의 화장에 근접한다. 또한 시신의 얼굴이 남쪽을 바라보도록 북쪽에 위치시켰다는 점도 비슷하다. 나아가 전단향과 황금 상여도 비교해볼 수 있는 지점이지만 부처님의 장례 수준에는 따라가지 못한다.

---

31   Mhbh 16. 8. 7, 그의 16,100명의 부인 가운데 주부인은 8명이라고 한다.

32   『라마야나』의 Yuddha Kānda CXI 102-121의 내용을 Shyam Ghosh의 *Hindu Concept of Life and Death*(Delhi: Munshiram Manoharlal Publishers,1989)의 Hindu Death Rites(pp.137-150)을 정리.

한편 『라마야나』의 성립 시기는 인도 문헌 성립사로 볼 때 「유행경」이나 「대반열반경」의 성립 시기보다 빠르다고 보기 힘들다. 또한 바라문 전통의 장례에서는 유아나 어린이와 함께 덕이 높은 수행자가 죽으면 화장하지 않는다. 특히 덕 높은 종교가나 수행자의 경우 화장할 필요가 없기에 매장한다고 한다. 더 나아가 바라문교 힌두 전통에서는 불교처럼 성인의 유골을 기념하는 공양·숭배하는 종교문화도 찾아보기 힘들다. 이는 불교와 비교가 되는 점이다. 하지만 동시대의 인물이었던 자이나교나 아지비카교의 지도자는 부처님과 비슷한 수준으로 화장의식과 탑 신앙이 행해졌다고 전한다.

6. 마치는 말

지금까지 재가자와 일반 출가 비구의 장례법에 이어 석가모니 붓다의 장례가 어떻게 행해졌는지를 초기 불교 전거를 중심으로 살펴보았다. 특히 초기 경전에 포함되어 있는 「유행경」과 「대반열반경」은 부처님의 다비 화장을 자세하게 전한다. 학자들에 따라서는 이러한 다비식의 역사성을 의심하기도 하지만, 이는 단언할 수 없는 문제이다. 설령 다비의식의 절차와 사리 분배와 같은 이야기가 후대에 추가된 내용이라 할지라도 그렇다. 왜냐하면 초기 경전에 나타난 부처님의 다비와 사리탑은 인도불교사는 물론 불교가 전해진 모든 나라에서 역사가 되었기 때문이다. 즉 붓다의 다비와 사리 분배는 오늘날 모든 불교 국가에서 재연되고 있다.

불교권에 있어 다비와 사리 분배 의식은 일종의 지역 축제 전통으로 내려오기도 하고, 엄숙한 추모 전통으로 내려오기도 한다. 또한 나라마다 다비의식의 규모나 내용이 조금씩 차이가 있다고 하더라도 「유행경」이나 「대반열반경」에 나타난 부처님의 다비 화장은 모든 불교 국가의 화장 다비와 사리 숭배의 근거가 된다. 모든 불교 국가에서 다비의식은 입멸자에 대한 최고의 경의를 표하는 장엄한 장례법의 표본이 된 것이다.

다음으로 다비와 관련하여 남는 문제는 화장의 불교사상적 의미에 대한 문제이다. 이 책에서는 이 점을 심도 있게 논의하지 않았다. 흔히 불교에서는 '다비는 사대四大의 육신을 다시 원래로 되돌려 보낸다'라는 설명을 한다. 하지만 이 같은 설명은 바라문의 우파니샤드나 육사외도六師外道 가운데 뿌라나 깟사빠Pūraṇa Kassapa 등도 마찬가지이다.

불교 다비에 관한 후속 연구는 화장의 불교사상적 의미를 다른 종교 등과 비교 분석한 후 차별적인 의미를 재정립해야 한다. 사실 인류사에서 화장은 청동기시대 이후 고대인도-유럽인의 보편적인 장법이며 인도아대륙에서도 공통적으로 나타나는 특징이다. 따라서 인류사에서 화장의 기원과 문화 전개 과정을 제대로 이해한 후 불교사상에 입각한 다비 근거를 정립해야 하는 것은 우리에게 남겨진 숙제라 하겠다.

부록 | 미얀마 큰스님의 다비식 참관기

2011년 12월, 미얀마 마하시 선원에 머물면서 꾼달라 비왐사 큰스님의 다비식을 볼 기회가 있었다. 이곳 큰스님의 다비식은 7일장이라 한다(참고로 일반 스님들은 보통 3일장이나 1일장도 행한다고 한다).

양곤 외곽에 위치한 다비장에 도착하니 이미 많은 사람이 모여 있다. 그런데 스님들은 식장의 의자에 앉아 참관만 할 뿐 다비식을 엄수하는 사람들은 재가자들이다. 모두 왼쪽 가슴에 노란 둥근 리본을 착용하고 있다. 한국에서는 스님들이 주관하는 다비식만 봐 왔기에 놀랄 수밖에 없었다.

문득 경전 속 부처님의 다비식이 떠올랐다. 부처님의 마지막 여로를 담고 있는 경전에서 아난존자는 부처님께 반열반 후 여래의 유체를 어떻게 해야 할지를 질문한다. 여기서 부처님은 여래의 장례에 출가자의 관여를 금하고 있다. 재가자들이 전적으로 알아서 할 일임을 설하신 것이다. 마침내 세존이 반열반에 들자 사방의 제자들이 쿠시나가라로 몰려들었다.

다비 후 부처님의 진신사리는 여덟 등분되어 여러 나라에 불사리탑으로 건립되었다. 마찬가지로 불사리를 봉안한 불탑의 관리 또한 재가자가 담당해야 할 몫이다. 이러한 장례의식이 인도불교와 다른 지역으로 어떻게 전해졌는지, 또 부처님은 왜 스님이 장례에 관여해서는 안 된다고 했는지를 이리저리 생각해본다.

다비식장에는 큰스님 진영이 모셔진 가운데 사부대중이 운집해 있다. 스님의 유체는 장작 위가 아닌 가스화로 위에 모셔져 있다. 게다가 누구든 가까이 가서 참배하고 사진도 찍을 수 있다. 나도 조심스럽게 다가가서 밤색 가사를 입은 채 누워 계신 스님의 모습을 바라본다. 마치 잠들어 계신 것과 같은 편안한 얼굴이다.

스님의 유체가 모셔져 있는 다비 화로에는 네 개의 긴 대나무가 세워져 경계를 표시하고 있다. 담장 바깥에는 수많은 불교기가 바람에 펄럭이고 바나나 나무로 장엄하게 꾸며놓았다. 숨죽여 바라보고 있는데 화로에 불이 당겨졌다. 순간 여섯 개의 화로 노즐에서 화염이 솟구쳤다. 이를 신호로 거의 동시에 모든 대중이 합장한 채 큰 소리로 낭송을 시작했다.

"지금까지 말할 수 없이 큰 은혜를 주신 큰스님께 저희가 지은 크고 작은 허물을 참회합니다. 사야도 큰스님께서는 용서해주십시오. 행복한 세계에서 저희들이 회향하는 것을 모두 받아주십시오. (…) 우리가 지은 보시, 지계, 공덕 등을 모두 사야도 큰스님께 회향합니다."

중간중간 다비 화로에 화염이 솟구치자 서른세 번의 폭죽이 터지고, 모두들 환호하며 웃기까지 한다.

갑자기 초기 경전인 『열반경』의 부처님 다비식이 떠오른다. 부처님 장례 절차에서도 공양으로 춤과 노래가 행해졌다. 이 대목을 처음 접했을 때 당혹스러웠던 기억이 난다. 이제는 어느 정도 이해가 간다. 또한 부처님의 다비식에서도 슬피 우는 비구와 담담하게 받아들이는 제자가 함께했는데, 여기서도 똑같은 장면이 재연되고 있다.

한 스님이 다비 화로를 향해 땅바닥에 무릎을 꿇고 연신 눈물을 손수건으로 훔쳐내고 있다. 가까이 있는 한 재가자는 쉬지 않고 다비되는 큰스님을 향해 계속 절을 올리고 있다. 다비식이 진행되는 동안 그곳에 모인 대중들은 우리처럼 크게 슬퍼하지는 않는다. 다만 스님의 법구가 타는 모습을 모두 숙연하게 지켜볼 뿐이다. 참석한 대중들은 누구도 떠나지 않고 다비가 끝날 때까지 자리를 지킨다. 내가 외국인으로 보였는지 다비식 내내 비디오와 카메라를 들이댄다.

다비식이 화염을 뿜으며 어느덧 두 시간을 넘기고 있다. 그제야 스님의 육신이 완전히 연소되었는지 가스불을 끄고 그물처럼 생긴 철판을 차례차례 모래 위로 꺼낸다. 다비단 밖에는 황금색 단지 세 개가 준비되어 있고, 연소된 스님의 유체를 이곳에 나누어 담는다. 첫 번째 사리함 단지에는 머리 부분의 유골을 수집하여 담고, 두 번째 단지에는 몸통 부분의 유골을 담고, 마지막 세 번째 단지에는 하체 부분의 유골을 수습하여 담는다. 사리함 유골 수습이 끝나고 각각의 단지는 일산의 장엄과 함께 이운된다.

그런데 여기서 전혀 예상치 못한 장면을 목격했다. 오랫동안 지켜보기만 하던 재가자들이 기다렸다는 듯이 동시에 너나 할 것 없이 모두 다비 화로로 달려드는 게 아닌가. 그러고는 화로 바닥에 남은 재를 준비해온 종이에 조금씩 담았다. 초기 경전에서도 부처님 다비식 당시 부처님 사리는 물론 마지막 남은 재까지도 재가자들이 모두 남김없이 가지고 갔다고 한다.

다비식은 저녁 6시 30분경에 끝이 났다. 4시쯤 이곳에 도착했으니 두 시간 반가량 다비식이 거행된 것이다. 내일 새벽, 다비식의 다음 행사가 있다고 한다. 내친김에 장례의식 전체를 보고 싶은 마음이 들었다. 마침 마하시 선원의 외국인 감독 스님도 참관하고 있어 허락을 받았다.

오늘 다비식을 치른 큰스님은 '삿담마란시' 수행처를 일으켜 세운 유명한 스님이다. 스님은 1921년에 태어나 2011년 입적까지 91세를 살다 가셨다. 그래서인지 고려사의 법당에는 마하시 스님과 꾼달라 비왐사 스님의 커다란 진영이 함께 모셔져 있다. 미얀마는 자신이 큰 영향을 받았거나 존경하는 스님의 진영을 어느 곳에나 모시기를 좋아한다.

다음 날 아침, 대로에 큰스님의 커다란 영정과 사리함 세 개를 이운하는 차량이 멈추어 서 있다. 길 가는 사람들도 모두 합장 정례해 있다. 어떤 사람은 스님의 사리함을 실은 차량을 향해 계속 절을 하고, 어떤 사람은 시종일관 합장하며 사리함을 실은 차량을 천천히 뒤따른다. 거리의 청소부는 빗자루를 곁에 세워두고 눈을 감고 합장한 채 멈춰 서 있다.

양곤강에 도착하자 큰 배가 기다리고 있다. 황금색 사리 단지를 배로 옮긴 후 포구에서 멀리 강의 중심까지 물을 힘차게 가르며 배가 나아간다. 많은 사람이 국화, 장미 등 온갖 종류의 꽃들을 준비해 와서 강에 흩뿌린다. 여기서는 재가자가 다비식을 주관했던 것과 달리 스님이 마지막으로 세 개의 사라함을 차례대로 강물에 던진다. 이때 예기치 않게도 탑승한 모든 사람이 환희로운 탄성을 질러서 깜짝 놀랐다. 강물 위에는 온갖 꽃들 사이로 사리함이 유유하게 흘러간다. 이를 사진에 담으려는 카메라 셔터 소리가 여기저기서 요란하다. 이로써 큰스님의 장례식은 모두 끝이 났다.

미얀마는 우리나라처럼 따로 큰스님의 사리탑을 조성하여 모시지 않는다고 한다. 그러고 보니 미얀마 절에서 스님들의 진영 사진은 많이 봤지만 사리탑은 보지 못한 것 같다. 나중에 확인해보니 사람들이 스님의 사리를 신앙의 대상으로 간주하여 영험이 있느니 없느니 따지는 일이 생기지 않도록 하기 위함이란다. 만약 그렇게 되면 이는 덕 있는 큰스님에 대한 예의가 아니라는 것이다.

결국 스님의 사리를 모두 강물에 던지고 따로 남은 것은 아무것도 없다.

2장

한국 장례문화의
흐름과 다비

구미래

불교민속연구소 소장, 문화재청 문화재위원

\\\
///
\\\

1. 화장의 역사문화적 의미

화장은 종교와 무관하게 장례문화의 주류가 된 지 오래다. 2022년 전국 평균 화장률이 90%를 넘어섰고, 화장한 뒤 유골을 봉안하거나, 자연장을 하거나, 산골散骨하는 비중도 비교적 고른 편이다. 삼사십 년 전까지 화장은 후손을 두고 다복한 삶을 살다 간 이의 장법葬法과는 거리가 멀었다. 화장했을 때도 유골 봉안이나 수목장 등으로 고인을 기릴 흔적을 남기지 않고 흩뿌리는 것은 특수한 죽음에 적용되는 것으로 여겼던 점을 생각하면 격세지감이 든다.

장례의 역사를 살펴보면, 인류는 죽음을 경험하면서 이중장二重葬[01]에 대한 관념이 자연스럽게 생겨났음을 알 수 있다. 시간이 지나

---

01   복장(複葬)·세골장(洗骨葬)이라고도 함.

시신이 썩으면 살은 사라지고 뼈만 남기 때문이다. 살은 유한한 데 반해 뼈는 영원하다는 생각과 함께, 죽은 이의 뼈를 어떤 식으로든 다시 장골藏骨하여 잊지 않고자 하는 마음이 생겨날 수밖에 없다. 이에 매장·화장 등의 1차장으로 육탈肉脫을 거친 뒤 유골을 거두어 다시 안치하는 장법이 발생하게 되었고, 많은 문화권에서 선사시대부터 화장이 행했던 이유 또한 2차장을 위한 것이 가장 컸다.

우리나라도 화장의 흔적이 발견되는 시점은 신석기시대까지 올라가지만, 주된 장법이 매장이었음은 물론이다. 화장은 불교와 함께 본격적으로 유입되었고, 화장을 뜻하는 산스크리트어 '자피타Jhapita'를 한자로 음차해 '다비茶毘'라 불렀다. 삼국시대에 화장이 불교의 장법으로 처음 들어온 뒤 자리를 잡기까지 수백 년이 걸렸는데, 이는 민간뿐만 아니라 승가僧伽에서도 마찬가지였다. 불교의 성행과 무관하게 예전의 관습을 바꾸는 데 오랜 시간이 필요했기 때문이다. 긴 세월을 거치며 매장과 함께 자연스럽게 자리를 잡았으나, 유교 이념과 상충하는 시대에 접어들면서 20세기 후반에 이르기까지 화장은 대다수 사람에게 '후손 없는 죽음'을 대표하는 장법으로 여겨졌다.

문화는 시대와 환경에 따라 다양한 요인이 작용하여 수용 양상이 달라지게 마련이다. 화장의 경우는 그러한 양상을 더욱 뚜렷이 살펴볼 수 있는 특징을 지녔다. 화장의 흐름을 보면 역사성과 무관하게 주류 문화와의 관계 속에서 배척과 수용을 거듭해왔음을 알 수 있다. 갈등의 기반은 기층민의 선택과 무관하게 위로부터 주어진 것이기에, 자율과 타율을 넘나들었다. 이러한 화장의 역사적 흐름은 자율적 수용(삼국~고려) → 타율적 배척(조선) → 타율적 수용(일제) → 자율적 배척(광복 후) → 자율적 수용(근래)이라는 큰 부침을 거듭하면서, 세 차례에 걸친 수용과 두 차례의 배척이 있었다(〈표1〉 참조).[02]

자율적 수용	삼국~고려시대
타율적 배척	조선시대
타율적 수용	일제강점기
자율적 배척	광복 후~1990년대 중반
자율적 수용	1990년대 후반~

〈표1〉 화장의 역사적 전개

　세 차례 거듭 수용된 화장은 매번 그 성격을 달리하였다. 고려 이전의 화장은 불교와 전통문화의 결합이라는 기반 위에 오랜 세월에 걸쳐 서서히 뿌리내린 자연스러운 수용이었다. 이에 비해 일제강점기의 화장은 이전 시대의 금지를 전제한 상태에서 외세의

02　구미래(2002),「불교 전래에 따른 화장의 수용양상과 변화요인」, pp.144~145.

정치 논리에 따라 이루어진 타율적 수용이었다. 타율적 수용은 화장의 증가를 가져오기는 했으나 전통문화의 억압 위에 이루어진 것이기에, 그 이후 '자율적 배척'이라는 특수한 현상을 낳았다.

20세기 후반에 이루어진 세 번째 수용은 화장에 대해 누적되어 온 편견과 갈등의 해체와 함께, 그간 긴 부침의 역사나 종교성과는 무관한 듯 전개되었다. 전통 관습과 당대 현실이 공존하고 추모의 정서와 종교적 관점이 교차하는 좌표의 여러 지점에서, 각자의 상황과 여건에 맞추어 서서히 선택되어온 것이다. 화장은 기층민에게조차 소외된 장법이었지만 오랜 역사 속에서 경험해온 전통문화의 하나였기에, 비교적 단시일에 폭넓은 수용이 가능했을 것이다. 그러나 화장이 대세를 이루고 선산과 조상 묘가 지닌 상징성도 흐려졌지만, 선사시대부터 고인이 남긴 흔적을 통해 추모하고자 하는 인간 보편의 마음은 변함없이 다양한 방식으로 계속 이어지고 있다.

두 차례의 배척 시기는 화장을 외래문화로 설정하고, 주류 전통문화와 대치되는 것으로 인식하고 있다는 점에서는 맥락을 같이한다. 그러나 조선의 경우 유교 이념에 따라 제도적 강압과 함께 이루어진 타율적인 배척이었다면, 광복 이후의 상황은 민간의 자율적인 배척이었다는 점에서 근원을 달리한다. 일제강점기를 겪으면서 타율적·강압적으로 말살되다시피 한 옛 풍습을 되찾고자 하는 욕구가 강하였고, 이러한 흐름과 함께 전통 장법으로서 매장을 지향해온 것이다.

이에 비해 승려들의 경우 고려 중기까지 화장보다 매장 비율이 여전히 높다가, 12세기 이후 완전히 승가의 장법으로 정착하였다. 불교 내적으로 오랜 수용의 과정을 거쳐 정착되었고, 조선시대의 제도적 '화장 금지' 또한 민간을 대상으로 하면서 화장을 '불교의 장법'으로 규정한 것이다. 이후 근대 시설로서 승화원(화장장)에서 행하는 민간의 화장과 나란히, 승가의 화장은 직접 불을 지피는 전통 방식을 이어오고 있다.

이 글에서는 장례문화의 역사 속에서 화장의 전개를 살펴보고, 그 가운데 승가의 다비가 어떻게 전개되어왔는지 조망해보고자 한다. 다비는 화장과 어원이 같지만, 불교의 전통 장법을 지칭할 때 사용하는 용어이기에 불교가 들어온 뒤 재가자의 화장에도 '다비'라는 용어가 즐겨 쓰였다. 이 글에서는 민간의 장례문화와 함께 전개되어온 화장의 흐름을 다룰 때는 구분이 애매하여 '화장'으로 통칭하고, 뒤에서 승가의 장법을 다룰 때는 '다비' 용어를 사용하고자 한다.

2. 불교 유입 전후의 장례문화

1) 이중장과 함께한 초기의 화장

우리나라 장법의 사례는 신석기시대부터 살필 수 있다. 작은 구덩이를 파서 묻는 가장 단순한 무덤인 토광묘土壙墓를 중심으로, 동굴에 시신을 안치하는 동굴묘洞窟墓, 토기에 시신 또는 유골을 넣어서 묻는 옹관묘甕棺墓(독무덤), 시신 위에 돌을 덮어두는 집석묘集石墓 등이 발굴되었다. 무덤의 규모나 부장품의 다양성에 비추어 신분·지위의 고하가 있었다는 점도 짐작할 수 있다.[03]

1차장이 주류를 이루는 가운데 당시에 이미 이중장의 풍습이 있었다. 울진 후포리 세골장 유적은 B.C. 5천~4천 년의 신석기시대에 1차장을 거친 40여 구의 유골을 재매장한 집단 무덤으로, 인골 가운데 붉은 주朱를 칠한 사례와 간돌도끼를 안치한 것으로 보아 매장 때 특별한 의식이 행해졌을 것으로 추정된다.[04] 화장 또한 이 시기에 함께 행해졌다. 진주 상촌리 유적에서 화장한 성인의 유골을 넣어 땅에 묻은 옹관묘와 함께, 사각으로 돌을 쌓아 만든 대형의 적석積石 화장 시설이 발굴된 것이다.[05] 옹관묘는 독널무덤이라고도 부르며, 주로 이차장을 위한 용도나 어린아이의 죽음에 사용된 것으로 알려져 있다. 이 무렵 중국·일본에서도 옹관묘의 사례가 나타나고 있어,[06] 뼈를 추려 다시 묻거나 안치하는 이중장이 이른 시기에 광범위하게 이루어졌음을 알 수 있다.

---

03   이상균(2000),「韓半島 新石器人의 墓制와 死後世界觀」, pp.4~16.

04   "울진 후포리 유적",『한국민족문화대백과사전』, 한국학중앙연구원(encykorea.aks. ac.kr).

05   이동주(1997),「진주 남강댐 수목지구 상촌리 유적」참고.

06   이상균, 앞의 논문, pp.10~11.

화장한 유골을 안치한 옹관묘와 동굴묘 등은 청동기시대에 본격적으로 등장한다. 이 시기에 평북·평남·함북 등의 동굴묘에서 화장한 유골을 단독 또는 집단으로 안치한 유적이 많이 발굴되었다.[07] 이러한 이중장은 삼국시대와 고려 때까지 성행하였고, 그 뒤에도 민간에 끊이지 않고 전승되었다. 서남해 도서지방에서 1960~1970년대까지 시신 위에 풀·짚 등을 덮어 육탈한 뒤 다시 장례를 지낸다고 하여 '초분草墳'이라는 이름으로 행해진 것이다.

우리나라 고대 장례 풍습을 기록한 중국의 문헌을 보면, 동옥저東沃沮에서는 "사람이 죽으면 흙으로 시신을 덮어 가매장한 뒤 살이 다 썩으면 뼈만 추려서 덧널 속에 넣는다"[08]고 하였고, 고구려에서는 "시신을 집 빈소에 두었다가 삼 년이 지나면 길일을 택해 장사를 지낸다"[09]고 하였다. 본격적인 이중장의 모습을 살필 수 있는 대목이다. 특히 고구려의 경우에는 본장本葬 이전의 1차장으로 집의 특정 장소에 두면서 뼈만 남게 될 때까지 기다리는 '빈장殯葬'의 풍습이 있었음을 알 수 있다.

지금까지 살펴본 것처럼 선사시대부터 이중장이 있었고, 이중장을 치름에 따라 1차장의 한 방식으로 화장이 선택되었음을 알 수 있다. 일반적으로 본장 이전의 1차장은 자연 상태에서 육탈하여 유

---

07   하문식(2014), 「고조선 시기의 동굴무덤 연구」, pp.241~244.

08   『三國志』「魏書」東夷傳 '東沃沮'.

09   『隋書』「東夷傳」'高句麗'.

골을 수습할 때까지 기다리게 되는데, 시신이 부패하는 긴 과정을 압축시키고자 화장을 선택하는 것이다. 따라서 이중장을 하게 된 배경과 함께, 자연의 육탈이 아닌 화장을 택한 이유를 간단히 살펴보자.

이중장을 치르는 풍습은 뼈를 중요하게 여기는 데서 비롯되었다. 사람이 죽으면 살은 썩어서 부패하지만 뼈는 썩지 않고 남아 있으니, 뼈에 고인의 정체성이 담겨 있다고 여기는 것은 자연스럽다. 따라서 '뼈에 영혼이 깃들어 있다'는 믿음과 함께 조상의 유골을 숭배하는 관념이 싹텄고, 죽음을 확인하는 1차장의 과정을 거쳐 본장을 치르면서 죽음을 온전히 인정[10]하게 되었다. 피륙이 다하여 형체가 없어질 때까지는 완전히 죽은 것이 아니므로, 뼈만 남았을 때 장례를 치르는 것이 본장이자 죽음을 확인[11]하는 의미를 지닌다고 믿게 된 것이다. 이는 살아 있는 후손을 '혈육'이라 표현하고, 사후와 관련될 때는 '내 뼈를 묻을 곳'·'조상의 뼈가 묻힌' 등으로 말함으로써 피와 살은 현세를, 뼈는 내세를 나타내는 말로 즐겨 사용하는 데서도 잘 드러난다.

자연 육탈이 아닌 화장을 택하는 이유에 대해서는 뼈를 중시하는 관념과 함께, 시신에 대한 두려움과 부정不淨이 작용한 것이라 보고 있다. 인간은 망자에 대해 본연적으로 애착과 두려움의 이중

---

10   韓相福·全京秀(1969), 「二重葬制와 人間의 情神性」, pp.82~83.
11   李杜鉉(1973·1974), 「葬制와 關聯된 巫俗研究」, p.16.

성을 지니고 있어, 망자와 함께 오래 머물기를 바라면서도 다른 한편으로는 생자의 세계에서 차단하고자 하는 관념이 공존[12]하기 때문이다. 이러한 특징은 여러 문화권에서 보편적으로 드러나는 현상[13]이다. 이처럼 화장은 부패의 과정 없이 육신을 신속하게 불변의 뼈로 환원시키고, 태움을 통해 죽음이 지닌 오염을 정화하는 장치라 하겠다.

하지만 이중장으로 치를 경우, 1차장은 어디까지나 자연 육탈이 주를 이루었던 것으로 보인다. 기본적으로 화장은 땅에 묻거나 돌 등으로 덮어두는 방식보다 비용과 노력이 많이 드는 장법이다. 특히 3~7세기 한국의 장례 풍습에 대해 기록한 중국의 여러 문헌을 참조할 때, 이중장은 이어졌으나 화장과 관련된 내용은 나타나지 않는다. "시신을 다섯 달 동안 집에 두면서 오래 둘수록 좋은 것이라 여긴다. (…) 상주는 가능하면 장례를 늦추려 하고 주변 사람들이 억지로 지내도록 한다"[14]는 부여의 정장停葬 풍습은, 자연 육탈을 위한 시간적 여유와 함께 부모의 죽음에 따른 상주의 도리를 적은 것이다. 선사시대를 벗어나 고대사회로 접어들면서, 시신에 대한 공포감보다 부모·조상의 시신을 인위적으로 훼손하는 데 대한 거부감이 점차 커졌으리라는 추정도 가능하다.

---

12   韓相福·全京秀, 앞의 논문, pp.82~83.

13   이창익(2015), 「죽음의 관습으로서의 의례」, pp.29~37.

14   『三國志』「魏書」東夷傳 '扶餘'.

2) 불교 유입 이후의 화장

4~6세기에 걸쳐 삼국에 불교가 수용되면서, '불교의 장법'이라는 새로운 의미로 화장이 들어오게 된다. 그러나 매장이 주류를 이루어왔기에 가장 완고한 관습 가운데 하나인 장법이 변하기까지는 승가에서도 오랜 기간이 필요하였다. 불교의 영향권 속에서 화장이 본격 조명된 것은 통일신라 후기로, 당나라에서 선종의 유입과 함께 승려들을 중심으로 점차 확산되기에 이른다.

장법에 대한 기록과 함께 고고학의 성과를 참조할 때, 불교가 들어온 뒤 불교의 사상과 생사관에 따라 승속의 구분 없이 화장의 비중이 점차 커진 사실은 분명하다. 그러나 10세기 나말여초까지 승가에서도 여전히 화장이 주된 장법으로 정착한 것은 아니었고, 출가자와 재가자의 화장 비율에서도 의미 있는 차이를 발견하지 못한 것으로 짐작된다. 이처럼 불교 수용 이후 통일신라까지 이어진 장법은 복합적인 양상이 공존하는 시기였으므로 몇 가지 특징을 살펴보면 다음과 같다.

첫째, 이 시기 기록에 등장하는 승려들의 경우 이중장을 한 비중이 높았고, 여전히 화장보다는 매장이 1차장의 주류를 이루었다는 점이다. 먼저 삼국시대 이후 8세기까지 관련 기록이 남아 있는 승려 가운데 대표적인 인물의 장법을 살펴보자. 신라의 자장慈藏(590~658)은 기록상 화장을 한 최초의 승려로, '화장하여 유골을 석혈 속에 모셨다'[15]는 내용이 『삼국유사』에 나온다. 이후 원광, 원효, 진표 등은 모두 화장하지 않고 다양한 방식으로 장례를 치렀다.

원광圓光(555~638)은 임종하자 나라에서 호화로운 장사를 지내주었고, 그의 무덤에 관한 이후의 기록 등으로 보아[16] 매장임을 알수 있다. 원효元曉(617~686)는 혈사穴寺에서 입적한 뒤 절의 서쪽봉우리에 임시로 감실龕室을 만들어 시신을 모셨고,[17] 일정 기간이지난 뒤 유골을 부수어 소상塑像을 만든 뒤 분황사에 안치[18]하였다. 진표眞表(8세기)는 큰 바위 위에 올라가 입적하자 제자들이 시신을 옮기지 않은 채 공양하다가, 유골만 남았을 때 매장[19]한 경우이다. 이처럼 화장하지 않고 매장을 하거나, 풍장風葬 또는 감실에 시신을 안치하여 자연 육탈을 기다리는 방식으로 1차장을 치렀다.

이는 사례뿐만 아니라 전반적인 경향이었던 것으로 보인다. 『삼국유사』를 비롯해 승탑의 비문과 묘지墓誌에서 장법을 알 수 있는 승려 92명(삼국 5명, 통일신라 22명, 고려 37명, 조선 28명)의 사례를 살폈을 때, 12세기 이전에는 화장이 5명에 불과하다가 12세기 이후에 이르러 모두 화장[20]했다는 사실에서도 잘 드러난다.

---

15   『三國遺事』卷4 義解 第5 '慈藏定律'.

16   『三國遺事』卷4 義解 第5 '圓光西學'.

17   "高仙寺誓幢和上碑", 문화유산 지식e음, 국립문화재연구원(portal.nrich.go.kr)

18   『三國遺事』卷4 義解 第5 '元曉不羈'.

19   『三國遺事』卷4 義解 第5 '關東楓岳鉢淵藪石記'.

20   鄭吉子(1986), 「韓國佛僧의 傳統葬法硏究」, p.171.

이후 통일신라 후기인 9세기에 당나라로부터 선종이 유입되면서 선불교가 크게 일어나, 전국에 아홉 개의 문파인 선문구산禪門九山이 확립되었다. 각 산문의 문도들은 조사祖師가 입적한 뒤 후세에 길이 보존될 조형적인 장골처를 남기고자 하였고, 본장으로 무덤 대신 묘탑인 부도浮屠를 세우는 문화가 본격화되었다.

그런데 일반적으로 부도는 '화장한 승려의 유골을 모신 탑'으로 알려져 있으나, 고려 초기까지 1차 매장으로 유골을 수습하여 부도에 모시는 비중이 훨씬 높았다. 9세기 이후 장법이 드러난 경우를 볼 때 진감眞鑑(774~850)을 비롯해 보조普照(804~880), 도선道詵(827~898) 등의 고승은 화장을 하지 않고 가매장 등의 1차장을 마친 후 유골을 부도에 모신 경우[21]이다. 또한 유골을 부도 안에 모시지 않고, 도선의 사례처럼 시신을 관에 안치하여 매장한 뒤 그 위에 부도를 세우거나,[22] 지증智證의 사례처럼 유골을 묻은 땅 위에 부도를 세우기도[23] 하였다.

진감은 임종 무렵 제자들에게 탑을 만들어 유체를 보존하거나, 비를 만들어 행적을 드러내지 말 것을 유언하였다. 이에 그의 뜻을 받들어 매장했다가 수십 년이 지난 뒤 부도와 비를 세우게 된다.[24] 그가 이러한 뜻을 남긴 것은 9세기 중엽 당시에 부도와 비의 건립

---

21   嚴基杓(2002),「新羅 僧侶들의 葬禮法과 石造浮屠」, pp.112~120.

22   위의 논문, p.131.

23   鄭吉子(1986), 앞의 논문, p.167.

24   "河東 雙磎寺 眞鑑禪師塔碑", 문화유산 지식e음, 국립문화재연구원(portal.nrich.go.kr).

이 선종 산문에 널리 퍼져 있었음을 말해준다.

둘째, 매장이 주를 이루는 가운데 화장의 비중도 점차 높아지면서 화장묘火葬墓가 본격적으로 등장했다는 점이다. 화장한 유골을 용기에 담아 묻는 이중장의 화장묘가 어느 정도 활성화된 점을 볼 때, 기록이 남아 있지 않은 승려와 민간의 화장률은 비교적 높았을 것이라 짐작된다.

6~7세기 백제 유적에서 화장묘가 다수 발굴[25]되었는데, 이는 신라보다 먼저 불교가 정착된 데다 부여 지역은 중국 남조의 영향을 받아 화장 풍습이 더 빨리 확산했기 때문[26]이라 보고 있다. 신라에서도 7세기부터 화장묘가 조금씩 보이다가 8세기 이후 증가하며, 특히 9세기에 이르면 왕경과 지방에 화장묘가 활발하게 조영되면서 다양한 형식의 화장묘가 나타나게 된다. 아울러 신라의 왕 가운데 화장을 한 경우는 문무왕을 비롯해 8명으로 이 중 대부분은 산골하였고, 798년에 사망한 제38대 원성왕은 화장한 유골을 장골 용기에 담아 화장묘를 쓴 것으로 보인다.[27]

화장묘의 성행에서 볼 수 있듯이 화장의 증가에도 불구하고 기록과 유적에서 살펴볼 수 있는 장법은 나말여초까지 화장이 정착하지 못한 것으로 나타난다. 이는 다음에 살펴볼 '화장 후 산골'의

---

25   "백제 고분", 『한국민족문화대백과사전』, 한국학중앙연구원(encykorea.aks.ac.kr).

26   이재운(2001), 「삼국·고려시대의 죽음관」, pp.102~104.

27   홍보식(2007), 「신라의 화장묘 수용과 전개」, pp.97~101.

성행과도 어느 정도 관련이 있을 것[28]이라 보고 있다.

셋째, 통일신라기에 들어서면, 화장한 뒤 매장하거나 부도를 조성하지 않고 뼈를 가루 내어 산골하는 풍습이 성행했다는 점이다. 삼국을 통일한 신라 제30대 문무왕이 681년에 사망하자, 장례를 검소하게 할 것과 죽어서 용이 되어 나라를 지키겠다는 평소 유언에 따라 화장하여 유골을 동해에 뿌리게 된다.[29] 이후 제34대 효성왕과 제37대 선덕왕도 그와 같이 화장 유골이 동해에 뿌려졌고, 제38대 원성왕과 제51~54대 진성왕·효공왕·신덕왕·경명왕 등 총 8명의 왕도 화장하였다. 모두 평소 왕의 유훈에 따른 것으로, 이들 가운데 원성왕을 제외한 5~7명이 산골[30]한 것으로 보고 있다.

이처럼 8명의 신라 왕이 화장한 유골을 바다나 산야에 뿌린 것은 당시 지배층의 산골 풍습에도 영향을 주었을 것이다. 이는 7~8세기의 관리 김지성金志誠이, 부모를 화장해서 동해에 산골하여 추모할 표식이 없기에 감산사甘山寺를 세우고 불보살상을 조성한 사례[31]에서도 잘 드러난다. 아울러 승려들의 경우 부도를 세우려면 왕의 허

---

28   홍보식, 앞의 논문, p.102.

29   『三國史記』卷7(新羅本紀 7)'文武王 21年';『三國遺事』卷2 紀異 5'文虎(武)王法敏'.

30   이들 왕의 장례는『삼국사기』와『삼국유사』에 실려 있다. 그 가운데 효공왕과 신덕왕은 각각『삼국사기』에 "師子寺 북쪽에서 장사 지냈다"·"黃福寺 북쪽에서 장사 지냈다"라고만 적었고,『삼국유사』에는 "사자사 북쪽에서 화장해 뼈는 仇知堤 동쪽 산허리에 간수했다"·"화장하여 뼈를 箴峴 남쪽에 두었다"고 하였다.

31   남동신(2020),「甘山寺 阿彌陀佛像과 彌勒菩薩像 造像記의 연구」, p.44.

락 등을 받아야 했다. 따라서 화장한 뒤 산골하면 유적이 남지 않기에, 기록에 없는 승려 가운데 산골한 이들이 많았으리라 짐작된다.

지금까지 살펴본 것처럼 불교와 함께 화장이 들어왔으나, 신라 후대로 접어들면서 비로소 확산해갔음을 알 수 있다. 특히 화장은 몸을 태우는 장법이기에, 생전에 죽음에 대한 철학을 가지고 자식과 제자들에게 그 뜻을 남겨놓아야 가능한 일이다. 이는 불교 생사관의 영향으로 인해 내세와 육신에 대한 기존의 관념이 출가자는 물론 재가자에게까지 점차 확장되었음을 뜻한다.

사람이 죽으면 생전의 업에 따라 새로운 세계에 태어나며 궁극적으로 윤회에서 벗어나기를 지향하기에, 생전에 입었던 헌 옷과 같은 육신을 태움으로써 윤회의 고리를 끊고 집착을 벗을 수 있다고 보았다. 따라서 이러한 관점에서 보면 화장한 유골을 남김없이 자연으로 돌려보내는 산골이 합당하지만, 조사 신앙과 함께 유골을 보존하여 기리고자 하는 관습이 나란히 이어졌음을 알 수 있다.

3. 화장의 성행과 전개

1) 임종에서 장례까지 통합 역할을 한 사찰

화장이 본격적으로 정착된 시기는 고려 중엽인 12세기에 들어와서이다. 고려시대에는 불교가 널리 수용되어 불교식 예제禮制가

왕실에서부터 민간에 이르기까지 깊은 영향을 미쳤다. 이에 화장은 물론 사찰에서 치병 후 임종하고 빈소까지 겸한 이들이 많았으며, 화장한 유골을 일정 기간 법당에 모셨다가 매장하는 방식의 이중장이 성행하였다. 임종에서부터 장례의 전 과정을 불보살의 보살핌 속에서 종교적으로 치르고자 한 것이다. 이는 어디까지나 상류층에 해당하는 것이었지만 사회적으로 이러한 죽음을 지향한 데서 고려시대 불교적 죽음의례의 특징을 살펴볼 수 있다.

이에 대해서는 고려시대 묘지명墓誌銘을 판독한 자료[32]에서 화장한 사실을 기록한 55명(일반인 44명, 승려 11명)의 사례를 통해 구체적인 양상을 파악해볼 수 있다. 화장한 일반인 44명의 장례 절차를 살펴보면, 병자가 집이나 사찰에 머물다가 임종하면 당일 또는 다음 날 집이나 사찰에 빈소를 마련하였다. 빈소에 모시는 기간은 3일에서 한 달 이내로 10~20일 정도가 일반적이다. 이후 사찰 인근에 마련된 시설에서 화장한 다음 수습한 유골을 사찰에 모셨는데, 이를 권안權安이라 부른다. 권안 기간은 15일에서 73개월까지로 다양하나 대개 1달~2년간 모시다가 날짜를 잡아 유골을 매장하였다 (〈표2〉 참조).[33]

---

32   김용선(2012), 『역주 고려 묘지명집성: 상·하』 참고.

33   구미래(2012), 『한국불교의 일생의례』, pp.254~318 ; 구미래(2015), 『존엄한 죽음의 문화사』, pp.59~72의 내용을 수정 보완함. 묘지명에 화장을 분명히 밝힌 경우를 제외하면 최종 장례 날짜만 적어 이중장 여부 및 1차장의 성격을 분명히 알 수 없는 경우가 대부분이다. 따라서 묘지명에서 장례 관련 내용을 기록한 전체 인원 가운데 화장 비율을 파악할 수는 없다.

[장소] 집·사찰		집·사찰		사찰 인근		사찰		(산)
임종	⋯	빈소	⋯	화장	⋯	권안	⋯	매장
[기간] 1~2일		3~29일		1~9일		15일~73개월		

〈표2〉 화장을 포함한 지배층의 장례 절차

이처럼 사찰에 빈소를 두고 승려들이 주관하여 염습殮襲에서부터 화장·매장까지 진행하였다. 민간에서 상이 발생하면 가족·친지와 공동체에서 장례를 치르듯이 승가에서도 자체적으로 죽음을 감당해왔기에, 사찰을 찾아온 재가자의 죽음도 일정한 법식에 따라 불교적으로 떠나보낸 것이다. 대표적인 사례로 문신 정목鄭穆 (1040~1105)의 묘지명을 살펴보자.

> 5월 을묘일에 용흥사龍興寺 덕해원德海院에서 돌아가셨다. 그달 신유일에 불교 예절에 따라 절의 서쪽 언덕에서 화장했는데, 장례를 지내고 상여를 꾸미는 것이 법도에 어긋남이 없었다. 경오일에 유골을 거두어 임시로 서울帝京 동북쪽의 안불사安佛寺에 모셔두었다. 그해 10월 9일 계유일에 권지태사감후權知太史監候 곽자인郭子仁이 좋은 장지를 점쳐서 알려주었으므로, 갑신일 새벽에 홍호사弘護寺 서남쪽 언덕에 안장하였다.

내용 가운데 '화장으로 장례를 지내고 상여를 꾸밈에 있어 법도에 어긋남이 없었다'고 했듯이, 화장은 물론 화장 시설까지 운구할 때도 법식대로 상여를 꾸미고 행렬과 의식이 따르는 가운데 장례를 치렀음을 알 수 있다. 또한 정목의 사례를 보면 임종·화장이 이루어진 사찰, 유골을 임시로 모신 사찰, 매장처가 있는 사찰이 모두 다르다. 이처럼 장례 절차에 따라 사찰이 바뀌는 사례도 많은데, 여러 사찰의 가피를 고루 받고자 한 뜻도 있으나 각각의 상황이 반영된 것이라 하겠다. 병이 위중할 때 요양하기 좋은 사찰에서 임종과 화장이 이루어진다면, 권안은 집안에서 다니던 사찰에 모실 확률이 크기 때문이다.

아울러 본장을 위해 '좋은 장지를 점쳐서 알려주었다'는 표현에서 드러나듯이, 신라 말부터 성행한 풍수지리설의 영향으로 고려시대 이후 조상의 뼈가 묻힐 무덤에 대한 관념이 더욱 공고해졌다. 유골을 지기地氣 좋은 곳에 묻음으로써 조상이 편히 쉴 수 있고, 그 음덕이 후손에까지 미친다고 여긴 것이다. 따라서 화장한 유골을 오랫동안 사찰에 모시는 중요한 이유 중 하나로, 좋은 장지를 물색하고 길일을 잡기 위한 시간의 필요성을 들 수 있겠다.

무엇보다 당시 사찰이 환자의 치료와 함께 임종과 빈소, 화장과 유골 안치의 역할을 맡아왔다는 사실에도 주목된다. 중국에서 불교가 들어올 당시부터 불경 속에 의료 지식이 포함되어 있고, 승려들이 책에서 습득한 의료 지식과 함께 불교적 관점에서 마음의 병을 다스린 것은 삼국시대부터 있었던 일이다.[34] 그뿐 아니라 고려

---

34   구미래, 앞의 책(2012), p.255.

말에는 '매골승埋骨僧'[35]이라는 승려 신분이 등장하는데, 전문적인 풍수택지술風水擇地術을 담당하여 전시과田柴科를 받은 이들 매골승이 재가자의 불교식 장례를 전담해 지내준 것으로 보고 있다.[36] 아울러 당시 나라에서 운영한 동서대비원의 구제사업에 주로 승려들이 참여한 것으로 보아, 의승醫僧·매골승이 동서대비원에서 주관한 병자의 치료나 전염병·기근 등으로 발생한 민간의 시신을 수습해 장사를 치르는 작업에 동원되었을 가능성이 크다.[37]

이처럼 사찰이 종교적 기능은 물론 죽음을 둘러싼 매 단계의 현실적 문제들을 풀어나가는 체계를 갖추어 오늘날 집·병원·장례식장의 역할을 통합적으로 수행했음을 알 수 있다. 이에 비해 대부분 일반 서민의 장례는 관 없이 시신을 묻는 널무덤의 1차장으로 마무리하였고, 빈한한 이들은 시신을 들에 두거나 땅에 묻고 봉분도 표식도 하지 않아 동물들이 파먹는 경우도 있었다.[38]

2) 승가의 장법으로 정착한 화장

고려시대에는 화장이 승가에 거의 정착한 것으로 보인다. 묘지

---

35   『東文選』卷16 七言律詩 '辛旽'.

36   황인규(2015), 『고려말·조선전기 불교계와 고승 연구』, pp.373~374.

37   김성순(2012), 「시체를 매장했던 승려들 : 매골승(埋骨僧)과 삼매히지리(三昧聖)」, pp.67~68.

38   『高麗圖經』卷3 雜俗 1 참고.

명이 남아 있는 이 시기의 승려 20명 가운데 1차 장법에 대해 기록한 인원은 13명이다. 그 가운데 11명은 화장이고, 2명은 관련 용어로 보아 매장[39]을 한 것으로 보인다. 화장한 11명의 장례 절차는 재가자와 크게 다르지 않아 대부분 승려는 화장 후 유골을 매장하고, 대각국사 의천義天(1055~1101)의 경우만 부도에 안치되었다. 고려시대에는 묘비墓碑의 설치 대상이 왕사·국사 등으로 엄격히 제한되어 부도를 함부로 세울 수 없었기 때문이다. 승탑의 비문과 묘지명을 함께 조사한 연구[40]에서도 고려시대 37명의 승려 가운데 매장 2명을 제외하고 모두 화장이었다.

승려의 장례와 관련해 1103년 중국 선종의 『선원청규禪苑淸規』가 주목된다. 『선원청규』「망승」편 등에는 승려의 장례 절차와 내용이 상세하게 적혀 있어,[41] 고려시대 승가의 장례에도 영향을 미쳤을 것이다. 내용 가운데 감龕에 모신 뒤 '무상게無常偈'를 염송하고 화장을 마친 뒤 '아미타불 십념十念'을 하는 등 단계에 따른 염송 의식을 두었듯이, 화장을 포함해 장례에 따른 고려불교의 의식을 추정해볼 수 있다.

한편, 묘지명은 무덤 속에 함께 매장하는 기념물이므로 산골의 사례는 기록할 수 없는 자료이다. 그러나 화장이 있는 한 산골은 어

---

39   문상련(정각)(2020), 「고려 묘지명을 통해 본 고승 상장례」, pp.238~239.

40   鄭吉子, 앞의 논문, p.171.

41   『禪苑淸規』제6「亡僧」: 최법혜 역주(2001), 『고려판 선원청규 역주』, pp.273~283.

느 시대에나 함께하였고, 승려의 장례에도 본격적인 산골이 따랐음을 추정해볼 수 있다. 이와 관련해 『선원청규』에는 "화장한 유골을 거두어 보동탑普同塔에 넣거나 물에 뿌린다"고 하였다.[42] 보동탑이란 하부에 감실을 두어 수시로 납골할 수 있도록 만든 중승衆僧의 공동 탑으로, 중국에는 다수의 보동탑이 전하나 국내에는 발견되거나 기록된 사례가 없다.[43] 따라서 이전 시대부터 불교적 의미에 따라 이어진 화장 후 산골 또한 일정 비율을 차지했을 것이다.

아울러 어느 승려의 묘지명 가운데 '당일로 (망승의) 돈과 재물을 나누었다'는 내용이 나오기도 하는데, 이는 『선원청규』에 있는 창의唱衣의 법식을 따른 것이다. '창의'는 입적한 승려가 남긴 옷과 물품을 대중과 나누는 의식으로, 망혼의 집착을 없애고 망승과 연緣을 맺게 하는 뜻을 지녔다.[44] 이러한 '창의' 의식은 지금까지 대부분의 다비의식집에 전하고 있다.

고려시대 승려의 장법에서 주목되는 것은 화장이 정착되고 산골이 함께하는 가운데, 여전히 유골을 안치하는 전통 본장이 주류를 이루었다는 점이다. 부도를 조성할 수 있는 고승 외에 많은 승려의 경우 유골을 매장한 것에서, 당시 승가에서 지향하는 장법을 재확인하게 된다. 이는 민간에서 부모·조상을 추모하고 그 혼이 편히

---

42   최법혜, 앞의 책, p.274, 279.

43   문상련(정각), 앞의 논문, pp.236~237.

44   위의 논문, p.242.

쓸 수 있는 묘를 중요하게 여긴 것처럼, 불교적 생사관과 무관하게 승가에서도 스승을 기릴 수 있는 기념적 조형물이 필요했기 때문일 것이다.

3) 후손과 연계된 장례

이에 비해, 재가자의 산골은 후손의 유무와도 깊이 연관되어 행해졌다. 기록으로 남아 있는 산골의 주인공은 대부분이 대를 이을 후손을 두지 못했던 이들이기 때문이다. 이들은 주로 왕실 인물로, 고려 문종의 아들인 금관후金官侯와 장순후章順侯는 모두 자손이 없어 화장한 후 산골한 경우[45]이다. 현종의 후비인 원목왕후元穆王后와 경흥원주景興院主 또한 마찬가지[46]이다. 참고로 이때의 후손은 아들을 뜻한다.

특히 금관후가 죽자 선종이 '화장하여 산골하는 것은 불교의 법이니 이를 따르지 말고 묘를 쓰라'고 일렀지만, 해당 관청에서 '불가하다'고 아뢰어 시행되지 않았다. 원목왕후의 경우에도 문종이 '화장을 마치면 유골을 묻고 능을 두어 절기마다 제사를 받들게 하라'고 했으나, 신하들은 '돌아가신 부모를 섬기는 예에 따라 다름이 있어서는 안 될 것'이라 반대하였다. 결국 관습대로 행하면서 왕은

---

45   『高麗史』列傳 3 宗室 1, '文宗 王子 金官侯 王○'.

46   『高麗史』列傳 1 后妃 1, '顯宗 后妃 元穆王后 徐氏'.

선대 왕실 가족에 대해 예를 갖추는 명분을 지킨 셈이다. 이처럼 무덤을 조성함은 묘사墓祀를 전제로 하는 것이기에, 대를 이을 자식이 없을 때는 산골하여 장골처를 남기지 않는 관습이 보편화되어 있었음을 알 수 있다.

이러한 경향은 통일신라 때부터 이어진 것으로 보고 있다. 당시 화장하여 산골한 왕들 가운데 효성왕·선덕왕·진성왕·경명왕은 다음의 왕위 계승자가 아들이 아니었고, 효공왕의 경우 아들이 없었으나 장골한 점은 이례적인 경우이다.[47] 이처럼 '화장 후 산골'은 불교적 생사관에 따라 수용되었을 뿐 아니라, 조상숭배와 음택풍수가 결합하여 후손 없는 이의 장법으로도 일정한 몫을 차지하고 있었다. 종교적 신심이나 소신에 따른 경우를 제외하고는 산골이 기존 질서에 편입하지 못한 자의 장법으로 인식되었던 셈이다.

고려는 장례에 큰 비용을 들인 사회이다. 화장 또한 화장목火葬木 비용을 비롯해 사찰에서 불교식 장례를 주관하는 데 대한 상당한 금액이 소요되었을 것이다. 따라서 화장은 지배층과 중산층에서 주로 행해온 장법이다. 그 뒤 유교식 예제가 지배하는 시대에 접어들면서 민간의 화장은 점차 후손 없는 죽음이나 특수한 죽음에 따르는 장법으로 제한되기에 이른다.

---

47   鄭吉子(1983), 「高麗時代 火葬에 대한 考察」, pp.66~67.

4. 외래문화로 배척을 거듭한 화장

1) 유교 이념에 따른 타율적 배척

고려 후기에는 지배층에서 화장하는 이들이 점차 사라지기 시작한다. 성리학의 전래와 함께 조선 창업의 주 세력이 된 신진 유학자들이 『주자가례朱子家禮』의 시행을 반포하고 이에 따른 관혼상제를 주장하면서, 불교 장법인 화장을 본격적으로 반대했기 때문이다. 고려시대 묘지명에 화장한 기록이 남아 있는 재가자 44명은 대부분 12세기에 사망한 인물이며, 13세기에는 2명, 14세기에는 1명에 불과한 데서도 잘 드러난다. 이러한 정치 이념의 변화와 함께, 무신정변 이후 문신 귀족 문벌의 몰락과 몽골과의 오랜 전쟁으로 인해 묘지墓誌를 갖춘 장례를 치르지 못한 점,[48] 화장의 주 수요층인 관인들이 사회적 한계와 경제적 부담 등으로 화장을 하지 못하게 된 점[49] 등이 작용한 것으로 보인다.

이에 고려 말이 되면 "내가 죽거든 거리낌에 얽매어 부도법浮屠法을 쓰지 말 것이고 사치하게도 말라"[50]며 불교의 화장을 하지 않도록 유언을 남기는 이들이 등장한다. 아울러 화장 금지를 청하는

---

48 鄭吉子, 앞의 논문, p.35.

49 박진훈(2016), 「高麗時代 官人層의 火葬: 墓誌銘 자료를 중심으로」, pp.66~67.

50 윤택(尹澤, 1289~1370) 묘지명: 김용선, 앞의 책(하권, 2012), p.1018.

상소가 잇따랐는데, 화장에 대해 비판한 고려 말의 상소문을 살펴보면 다음과 같다.

장사 지낸다는 것은 감춘다(장藏)는 것이니 해골을 감추어 드러내지 않는 것입니다. 근래 불교 다비법이 성행하여, 시신을 불 속에 장사 지내어 머리털은 태우고 살은 녹여 해골만 남게 합니다. 심한 경우엔 뼈를 태워 재로 만들어 흩뿌려 물고기와 새에게 먹이며, 이렇게 한 다음에야 서방 극락정토에 도달할 수 있다고 합니다. 고상하고 현명한 사대부들도 모두 현혹되어 땅에 장사 지내지 않는 자가 많으니 참으로 어질지 못한 일입니다. [51]

공양왕 원년(1389)에 헌사憲司에서 상소한 내용이다. 유교의 매장을 기준으로, 화장이 망자의 영혼을 편히 모시지 못하며 인륜에 어긋나는 장법으로 비판하고 있다. 상소의 마지막에는 '화장을 강력하게 금하고 위반하는 자에게 벌을 주기를' 청하는 내용으로 마무리하였다. 이 시기의 대표적인 문신 권근權近·조준趙浚 등은 이러한 주장을 강력하게 펼쳤다.

성리학을 통치 이념으로 내세운 조선시대에 들어오면, 억불숭유의 배경 아래 모든 생활규범이 유교적 질서로 재편되고, 특히 부

---

51   『高麗史』卷85 志39 刑法2, '禁令'.

모의 시신을 불태우는 화장법은 유교의 효도 관념으로는 용납할 수 없는 제1의 척결 대상이 되었다. 이에 나라에서는 『주자가례』와 『경국대전』 및 각종 교서를 통해 불교식 화장을 금하고 유교식 상장례에 따를 것을 강력히 하달한다.

그러나 관혼상제와 같은 관습은 쉽게 정착되기도 어렵지만 일단 뿌리내리고 나면 일시에 바꾸기도 힘든 법이다. 특히 불교의 화장은 1천여 년의 세월 동안 서서히 정착된 장법으로, 금령이 내려진 이후에도 백성들 간에 화장하는 풍습이 계속되어 이를 문제 삼은 기록들이 지속하여 등장하였다.[52]

세종 2년(1420)에는 위의 상소와 똑같은 내용이 다시 나오고,[53] 세종 14년(1432)에는 '이제 사대부 가운데 상제喪祭에 부도浮屠를 쓰지 않는 자가 열에 서너 명이니, 점차 풍속을 바로잡아갈 수 있을 것'[54]이라 하였다. 양성지梁誠之(1415~1482)는 성종 초기에 '서민은 그 어머니의 시체를 불길 속에 던지고서도 언짢게 생각하지 않는다'[55]고 하였다. 이러한 기록은 모두 조선시대에 들어와서도 여전히 화장이 성행하고 있었음을 말해준다.

그러나 도첩체度牒制를 폐지하여 승려가 되는 길을 막는 등 강력

---

52   구미래(2012), 앞의 책, pp.319~320.

53   『世宗實錄』世宗 2年 11月 辛未日.

54   『世宗實錄』世宗 14年 3月 甲子日.

55   『訥齋集』卷4.

한 억불정책을 펼친 성종 대에 이르러 화장은 현격히 감소하게 된다. 성종은 일찍이 화장을 금하는 명을 내렸으나 백성들이 잘 따르지 않는 것을 본격적으로 문제 삼으며 안으로는 사헌부, 밖으로는 감사·수령이 엄하게 단속하도록 하였다. 그래도 화장하는 자가 적발되면 중죄를 주고, 친척이나 이웃 가운데 이를 알고 막지 않을 때도 벌을 내리도록 지시하기에 이른다.[56] 이에 성종 23년(1492)에 이르면 '지금은 사대부의 상장喪葬에 부도의 교敎를 쓰지 않는다'[57]는 기록이 등장하게 된다. 아울러 매골승은 고려의 동서대비원을 계승한 동서활인원東西活人院에 배치되어 일종의 관승官僧으로서 민간의 장례에 관여한 기록이 등장하다가, 조선 후기에는 지역의 향도계·상두꾼이 장례를 맡아봄에 따라 점차 사라진다.[58]

조선시대를 거치면서 무덤은 조상과 후손을 연결하는 상징물이 되어, 좋은 묏자리에 묻힌 조상의 기운이 후손 발복發福에 음덕을 미칠 수 있다는 관념이 확고히 자리하게 된다. 유교 장례의 정착으로 매장이 보편화되고 이중장 또한 점차 사라졌으나, 민간에서는 조선 말까지 이중장을 위한 초분이 전국적으로 분포해 있었고 20세기 중후반까지 여러 도서지방에서 이어졌다.

이처럼 조선시대의 화장은 정치적·이념적 차원에서 위로부터

---

56   『成宗實錄』成宗 1年 2月 丙辰日.

57   『成宗實錄』成宗 23年 11月.

58   김성순, 앞의 논문, pp.87~78.

이루어진 제도적·타율적 배척이었다. 따라서 이전 시대에 화장을 받아들여 확산시킨 이들이 지배층이었듯이 배척 또한 지배층에서부터 이루어졌고, 개인의 신앙과 무관하게 불교의 사회적 역할은 점차 축소되어갔다. 화장은 어디까지나 승려들의 장법으로 규정하고 민간의 확산을 엄격히 금함으로써 민간에서는 특수한 죽음에만 해당하는 것으로 명맥을 유지해왔다.

2) 일제 식민정책에 따른 타율적 수용

조선시대의 화장이 타율적으로 배척되었다면, 일제강점기에는 외세에 의한 타율적 수용이 이루어졌다. 일제는 강제 합병 이후 관혼상제에 대한 전반적인 개혁을 단행해 화장을 적극적으로 권장하였다. 이에 1912년 6월 총독부령으로 〈묘지·화장장·매장 및 화장 취체 규칙〉(이하 〈묘지규칙〉)을 공포하여 화장이 본격적으로 부활하게 된다. 내용을 보면 공동묘지와 화장장의 신설에 관한 내용을 제시하고, 화장은 특수 경우를 제외하고 반드시 화장장에서만 할 수 있도록 하였다. 아울러 공동묘지 외의 개별 묘역에 대해서는 면적을 제한하고 새로 묘지를 신설하려면 허가를 받도록 했다. 결과적으로 매장보다는 화장을 유도하면서, 매장의 경우 개인 묘지를 억제하고 공동묘지를 쓰도록 한 것이다.

19세기 후반 개항기에 일본인 거류민단이 서울에 들어온 뒤부터 약 20년간은 화장 시설이 따로 없어, 이들이 장례를 치를 때는 양화진이나 한강 제방에 모여 화장을 했다. 이후 1902년 5월 당시 고양군에 벽돌 건물로 된 최초의 화장장이 세워지고, 이와 함께 노천 화장터에서 장작으로 불을 때던 화장장은 역사의 뒤안길로 사라지게[59] 된다. 1910년 9월에는 마포에 대규모 화장장을 설치하기로 설계를 마쳤다는 기사[60]가 등장하고, 광희문 밖의 일본인 화장장이 협소하여 동문 밖으로 확장 이설하려는 논의[61]도 발표되었다. 〈묘지규칙〉이 공포되기 며칠 전에는 총독부 기관지 「매일신보」에 한국인의 화장이 증가하고 있다는 기사가 실렸다. 묘지 조성에 비용을 많이 들이고 정성을 쏟는 우리 문화를 비판하면서, 시대가 바뀌고 사상이 열려 상중하층을 막론하고 화장하는 이들이 점차 늘어났다는 것[62]이다.

한편, 자체적으로 화장을 해온 승려들은 매우 곤란한 사정에 처할 수밖에 없었다. 화장장이 없는 지역에서는 경찰서의 허가를 받아 화장할 수 있지만, 기본적으로 '화장은 화장장 이외의 장소에서 할 수 없다'고 규정했기 때문이다. 따라서 「매일신보」에 따르면[63] 서대문 밖 봉원사에서는 1913년 10월 당국에 승려화장지僧侶火葬地를 신청하고, 이듬해 1월에 화장장을 세우게 된다. 일반인들도 사용이

---

59   박태호(2006), 『장례의 역사』, pp.177~178.

60   「皇城新聞」1910年 9月 6日.

61   「皇城新聞」1910年 9月 16日.

62   「每日申報」1912年 6月 15日.

63   「每日申報」1913年 10月 12日, 1914年 1月 19日, 1916年 4月 5日 등.

가능했는데, 당시 화장 요금은 15세 이상은 4원, 15세 이하는 2원이었고 극빈자에게는 무료로 해주었다.

화장장을 설립한 이후 봉원사에서는 매년 한식과 추석 등에 화장한 영혼을 천도하는 법회를 열었다고 한다. 〈묘지규칙〉 공포 이후 대도시를 중심으로 공동묘지가 조성되고, 화장로를 갖춘 화장장이 세워졌다. 1920~1930년대에는 전국 각지에서 화장장 건립을 반대하는 민원이 발생했다는 내용의 여러 신문 기사가 말해주듯이, 화장장이 전국으로 확대되었음을 알 수 있다.

화장이 합법화되고 공동묘지가 설치되었지만, 대부분 한국인은 여전히 매장을 선택했고 공동묘지와 화장에 대한 거부감이 강했다. 1924년 「시대일보」에 따르면, '조선인의 화장은 대부분 사고무친四顧無親이거나 가난하여 묘를 쓸 여력이 없는 사람들'이라 했고, 화장이 증가하고 있다는 그 밖의 신문 기사들 또한 화장의 증가 이유를 전적으로 저렴한 비용 문제로 보았다.[64]

그러다가 1920년대 후반에 접어들면서 서울에서는 화장자의 수가 대폭 증가하게 된다. 1915년 경성부京城府에 거주하는 한국인의 화장이 매장의 7%에 불과했으나, 1920년에는 16%, 1925년 19%, 1930년 37%로 증가하여 1935년에는 거의 같은 수준에 이르렀다. 이는 경성에 국한된 것이고, 1935년 경성부·인천부·개성부·

---

64   정일영 (2016), 「일제 식민지기 死者공간의 배치와 이미지 형성」, p.211.

군부 등 경기권 전체를 보면 약 12%로 추정된다.[65] 인구가 밀집된 대도시를 중심으로 화장장이 설치되어 수도와 주변부의 편차가 매우 크지만, 이러한 경향을 감안해도 제도적으로 강력하게 규제한 탓에 화장의 증가 추세가 뚜렷함을 알 수 있다. 신당리·아현리의 두 화장장을 합한 통계에서도 1917년 한국인의 화장 통계는 82구에 불과했는데, 1927년에는 1,530구로 10여 년 만에 약 19배나 증가[66]하였다.

화장을 꺼리는 분위기와 나란히, 그간 금지되어온 화장에 대한 기본적인 수요와 이를 필요로 하는 수요층이 있었음을 알 수 있다. 매장의 경우 또한 선산이나 개인 땅이 있는 이들은 극히 일부였기에, 묘지 정비와 함께 이전까지 자신의 소유가 아닌 산에 무덤을 조성했던 대부분 서민에게는 공동묘지만이 유일하게 허용되었다. 따라서 공동묘지보다 화장을 선택하는 이들이 점차 늘어나게 된 것이다. 아울러 이 시기에 새롭게 등장한 화장은 유골을 가루로 만들어 산이나 강 등에 산골하는 방식이 주를 이루었다.[67] 한국에 거주하는 일본인들은 화장한 후 유골을 일본으로 가져가서 납골했지

---

65 京城府(1032), 『昭和7年 京城府都市計劃資料調査書』, pp.213~214, 221~222 ; 경기도 위생과 편, 『위생개요』(1937), pp.61~61 : 다카무라 료헤이(2000), 「공동묘지를 통해서 본 식민지시대 서울: 1910년대를 중심으로」, pp.160~162에서 재인용. 1937년에 작성한 『위생개요』 1935년의 화장 숫자에 일부 오류가 있는 듯하나 사망자 수와 매장자 수를 참조하여 전체적인 흐름을 참조하였다.

66 「東亞日報」 1928年 10月 21日 ; 「每日申報」 1927年 20月 30日.

67 張哲秀, "장례", 『한국민족문화대백과사전』.

만,[68] 당시 한국에는 특별한 납골 시설이 없었던 것으로 보인다.

3) 식민문화 잔재로서 자율적 배척

일제강점기 전국의 화장률은 알 수 없으나, 경기권의 화장 기록과 당시의 경제적 궁핍 등을 고려하면 광복 이전까지 화장 인구가 어느 정도 증가했을 것으로 보는 것이 자연스럽다. 그러나 1971년 전국 화장률은 7%[69]에 불과하였다. 1960~1970년대의 상장례 풍습에 대해, 광복과 6·25전쟁을 겪고 난 뒤 경제가 어느 정도 안정되자 자기를 과시하려는 허례허식이 사회적 병폐로 대두[70]되었다는 지적들이 있었다. 이렇듯 간소하게 치르던 의례들에 대해 다시 격식을 따지고 비용을 들이기 시작한 것은, 다른 한편으로 전통적 요소의 부활을 뜻하는 것이기도 하다.

당시 사람들에게 있어 화장은 1천 년 이상의 역사를 지닌 전통 장례의 하나라기보다는 일제의 잔재로 인식되었을 것이다. 일제강점기를 겪으면서 "미신 철폐, 생활의례 간소화"라는 구호와 함께 타율적·강압적으로 말살되다시피 한 옛 풍습을 되찾고자 하는 욕구는 한편으로 자연스러운 현상이었고, 관습적 측면이 강한 상장

---

68   다카무라 료헤이, 앞의 논문, p.160.

69   생활개혁실천범국민협의회(1998), 『화장 시설의 실태 및 개선방안』, p.7.

70   金容德(1994), 「喪葬禮 風俗의 史的 考察」, p.205.

례에 있어서는 더욱 그러했을 것이다.

이처럼 광복 이후 화장의 수용 양상은 전통문화의 강압적 단절
과 이에 대한 회복 욕구, 외세가 권장한 문화로서 화장에 대한 부정
적 인식 등의 맥락에서 파악해볼 수 있다. 물론 여기에는 경제적 안
정, 매장 문화에 대한 환경적 문제의식의 부족 등도 함께 작용하였
을 것이다. 특히 한국인에게 '조상의 무덤'의 의미는 뿌리 깊이 자
리하여, 노인들은 죽기 전에 자신이 묻힐 자리를 자손들에게 지정
해주어야 편히 눈을 감을 수 있었다. 이에 선산이나 개인 땅이 없는
이들의 경우, 부정적인 분위기에서 벗어나 추모의 공간으로 거듭
난 공동묘지를 선호하였다.

이후 20세기 중후반에 들어오면 인류 보편의 흐름에 따라 화장
을 선택하는 이들이 자연스럽게 늘어나고, 1960~1970년대에는 화
장이 일찍 정착한 일본과 서구의 납골 시설을 본떠 현대식 봉안당
奉安堂이 등장하게 된다. 1980년대까지만 해도 대부분 국민은 이러
한 시설이 있는지조차 알지 못할 만큼 화장에 무관심했으나, 1990
년대에 이르러 이전과는 비교할 수 없을 정도로 급속한 화장 수용
이 전개되었다.

5. 다비의식의 정립과 설행 양상

1) 다비의식문의 성립과 특징

승려의 장법인 다비는 불교의 전래와 함께 서서히 시작되어, 고려시대에는 일정한 의식이 정립되었으리라 짐작된다. 그러나 이 시기의 자료는 거의 전하지 않고 17세기에 들어와서야 본격적인 의식집을 살필 수 있다. 불교 장례에 대한 의식집이 조선 초기에도 간행되었으나, 본 의식에 해당하는 다비를 다룬 것은 1600년대부터이다. 1636년에 벽암각성碧巖覺性(1575~1660)이 엮어 1657년에 펴낸『석문상의초釋門喪儀抄』와, 그의 제자 나암진일懶庵眞一이 이를 보완하여 1659년에 펴낸『석문가례초釋門家禮抄』를 대표적으로 꼽을 수 있다.

　　이들 의식집은 우리에게 맞는 승가의 상장례를 정립하기 위해 편찬한 것이다. 서문에는『선원청규』·『오삼연야신학비용五杉練若新學備用』(이하『오삼집』)·『석씨요람釋氏要覽』등을 참조하여 중국의 풍습에 의지하고 있는 상례가 조선의 예법에는 맞지 않아 요체를 가려 편집했음을 밝혔다. 특히『석문가례초』는 다비의 절차와 의식문 등을 상세히 수록하고 있어 오늘날 다비의식의 전범이 되어왔다. 그 뒤를 이은 17세기의『오종범음집五種梵音集』·『승가예의문僧家禮儀文』, 19세기의『작법귀감作法龜鑑』, 20세기의『다비작법』·『석문의범』등에 이르기까지 다비를 다룬 여러 의식집이 간행되었다.

　　초기 의식집에서 저본으로 참조한『오삼집』은 950년에 중국 승려 응지應之가 편집한 것으로, 다비법보다는 상례 전반의 내용을 중심으로 다루었다. 이에 비해 1019년 도성道成이 집성한『석씨요람』은 다비법의 절차와 준비물 등을 다루고 있다. 따라서『석문가례

초』는『오삼집』의 상례와『석씨요람』의 장례를 참조하여 승가의
상장례를 집대성한 의식집이라 할 수 있다.[71] 이들 의식집이 우리나
라에 언제 들어왔는지는 알 수 없으나, 불교가 왕성한 고려시대에
『선원청규』(1103) 등과 함께 전래됐을 가능성이 크다.『오삼집』이
조선 전기 간경도감(1461~1472)에서 간행한 32종의 한문 불서에
이미 나타나고 있듯이,[72] 고려시대에 이러한 의식문을 기반으로 승
가의 장례법인 다비의식이 행해졌음이 짐작된다.

이처럼 17세기에 활발하게 편찬된 다비의식집은 중국불교의 상
장례 의식집에 근거를 두되 한국에 맞도록 재편한 것이다. 아울러
상장례 절차와 내용에서도 유교의 영향을 반영한 가운데, 유가와
다른 불가만의 독자적인 예법을 갖추고자 하였다. 이러한 수용과
변화의 과정을 겪으며 오늘날 한국불교의 독자적인 다비 문화로
정착되어온 것이라 하겠다.

근래 다비의식 현장에서 주로 쓰이는 의식문은 선대의 내용을
정리한『석문의범』(1935)에 실린 '다비 편'이며, 1983년 월운 스님
이 영결식을 추가하고 한글로 풀어쓴『삼화행도집三化行道集』또한
많이 참조하고 있다.[73]

다비의 절차는 의식집에 따른 차이가 별로 없으며, 장례는 입적

---

71   태경(이선이)(2011),「『석문가례초(釋門家禮抄)』茶毘作法節次에 나타난 無常戒에
      대한 小考」, p.379.

72   김무봉(2004),「조선시대 간경도감 간행의 한글 경전 연구」, p.380.

73   강승규(2022),『다비식』, p.40.

과 함께 시작되는 것이어서 발인 이전의 사전 의식과 다비의 본 의
식으로 구분한다. 핵심 절차를 중심으로 살펴보면 사전 의식은 몸
을 청결하게 모시는 삭발·목욕·세수·세족, 새 옷으로 갈아입히는
착군·착의·착관, 편한 자리에 모시는 정좌正坐, 관에 안치하는 입
감入龕까지 해당한다. 본 의식은 발인에 해당하는 기감起龕, 다비장
에 도착한 뒤 횃불에 불을 붙여 준비하는 거화擧火, 나뭇단에 불을
붙이는 하화下火, 유골을 수습하는 일련의 과정으로 기골起骨·습골
拾骨·쇄골碎骨·산골로 진행된다. 시신을 모시고 다비를 하기 위해 필
수적인 절차를 진행하는 동안, 단계마다 이에 따른 의식문을 염송하
고 계를 일러주며 불교의 가르침에 따라 영가를 모시는 것이다.

우리나라 다비의식문의 가장 큰 특징은 선禪적 요소가 강하다는
점이다. 이는 일상의 모든 것을 선 수행으로 여기는 선불교의 특성
이 반영된 것이라 하겠다. 『석문가례초』에도 '다비 의례가 처음부
터 끝까지 법에 맞도록 시행되면 영가는 그 육신이 불타는 가운데
서도 색신色身이 본래 공한 이치를 깨달아, 불길에도 놀라지 않으며
몸과 마음이 편안하고 고요하여 바로 극락세계로 들어갈 뿐만 아
니라 재齋 올리는 사람도 복덕이 끝이 없다'고 하였다.[74] 따라서 매
단계에 염송하는 의식문에는 생사에 걸림 없이 본래의 공한 이치
를 이르는 내용으로 일관되어 있다. 마지막 육신을 벗는 의식을 치

---

74   박경준(2001), 『다비와 사리』, pp.18~23.

르면서 영가와 남은 자들이 다 함께 무상의 진리를 거듭 새기는 것이다.

따라서 무상계법사無常偈法師를 따로 두어 빈소에서도, 연화대蓮花臺에서도 거듭 이를 설하도록 하였다. 인연법만 일러주는 것이 아니라 무상을 관하는 관법觀法을 포함하여 수행을 기반으로 한 참선의 선지禪志도 담고 있다.[75] 이러한 면모는 연화대에 불을 붙이면서 "스님, 불 들어갑니다! 어서 집에서 나오세요!"라 외치며 선적인 질문을 던지는 데서도 잘 드러난다. 죽음은 슬프고 두려운 것이 아니라, 실체 없는 무상의 세계에서 벗어나 불생불멸의 세계로 들어가는 것임을 일깨우는 활달한 선풍의 기개를 살필 수 있는 것이다.

2) 다비의식의 설행 양상

다비의식문에서는 절차에 따른 방법을 상세하게 다루고 있으나, 다비의 핵심이라 할 수 있는 연화단 조성법에 대해서는 자유롭게 열어두고 있다. 이는 시대와 여건에 따라 재료의 종류나 나뭇단을 쌓는 법식 등이 달라질 수 있기 때문이다. 필수적인 절차에 따라 의식문을 갖추어 여법하게 봉행하되, 일상의 수행과 다를 바 없이 각자의 형편에 따라 자체적으로 죽음을 감당해온 것이다. 따라서

---

75   태경(이선이), 앞의 논문, pp.360~372.

기산 김준근의 풍속화 〈중 화장하는 모양〉

각 사찰의 문중에서는 수많은 경험 속에 서로 다른 특징을 지닌 방법론이 구축되었고, 법식 또한 기록되지 않은 채 구전과 현장을 통해 전승되었다.

19세기 후반의 풍속화가 기산 김준근金俊根은 〈중 화장하는 모양〉이라는 제목의 그림을 여럿 남겼다. 유사한 그림 가운데 독일 함부르크 민족학박물관에 소장된 것[76]은 유일하게 상복을 입은 3명의 상제喪制가 동참하고 있어, 재가자의 화장을 그린 것으로 보인

---

76   조흥윤(2004), 『민속에 대한 기산의 지극한 관심: 箕山風俗圖 2』, pp.116~117.

다. 그림은 편편하고 낮게 쌓은 장작더미 위에 관이 놓여 있고, 불길이 활활 타오르고 있으며, 장삼에 가사를 갖춘 3명의 승려가 각기 목탁과 바라와 징을 치며 염불하는 모습을 담았다. 옆에는 두 개의 상을 차렸는데 큰 것은 망자를 위한 것이고, 작은 것은 사자상使者床으로 보인다. 당시의 풍습을 묘사한 풍속화로 사실에 근거하여 그린 것이라 보아도 좋을 것이다.

이 그림으로 미루어 보아 화장의식을 할 때 염불과 함께 작법이 따랐고, 사찰 인근의 공터에서 땅 위에 긴 장작을 겹겹이 포갠 다음 관을 얹어 태웠음을 알 수 있다. 승속의 구분 없이 화장에 필요한 가장 약식의 기본적인 모습을 담은 셈이다. 이를 기반으로 승려의 장법은 좀 더 격식을 갖추었을 것이며, 문중별로 다양하게 발전해 갔음을 추정해볼 수 있다.

2000년대까지 승가에서 주관하여 전통 다비의 맥을 이어온 주요 사찰은 고운사, 대흥사, 동화사, 마곡사, 백양사, 범어사, 법주사, 봉선사, 선암사, 선운사, 송광사, 수덕사, 용주사, 월정사, 은해사, 직지사, 통도사, 해인사, 화엄사 등이 있다.[77]

이들 사찰에서 전승해온 다비의 방법은 사찰마다 차이를 보인다. 대개 통나무·장작을 연소의 주재료로 하여 숯·솔가지·새끼줄·짚 등을 부재료로 삼는데, 새끼타래나 짚이 주재료인 사찰도 있다.

---

77   대한불교조계종 총무원 문화부·재단법인 불교문화재연구소(2013),『다비 현황 조사
      보고서』; 강승규, 앞의 책, pp.90~91을 참조함.

연화단의 조성은 온돌 고래 방식을 사용해 통나무와 부재료를 두르는 방식, 벽돌·돌담·철제 등으로 상설 구조물을 만들어두고 다양한 재료를 쌓아 조성하는 방식, 새끼타래를 겹겹이 쌓아 조성하는 방식, 나무받침대에 통나무와 장작을 쌓아서 구성하는 방식, 화장용 화로를 조성해두고 장작을 지피는 방식 등이 있으며, 세부적인 구성에서도 저마다 독자적인 방식을 따르고 있다. 연화대의 외관을 마무리하는 모습도 새끼타래·장작 등을 그대로 노출하거나, 흰 광목 또는 멍석을 씌우거나, 생솔가지로 덮거나, 전체를 지화로 장엄하거나, 연화대를 연꽃 모양으로 조성하는 등 다채롭다.

아울러 다비를 한 뒤에 남는 유골을 어떻게 할 것인가에 대한 모색은 화장의 역사와 함께해왔다. 고려시대에는 고승의 경우 다비를 마친 유골을 부도에 모셨고, 대부분 승려는 매장이 중심을 이루는 가운데 산골도 일정한 비중을 차지했을 것이라고 앞서 살펴보았다. 이중장 풍습이 사라진 조선시대에는 문중에서 사리·유골을 부도에 모시는 경우를 제외하면 산골이 주를 이루었을 것이다.

의식문에는 유골을 다루는 과정이 '기골-습골-쇄골-산골'로 정립되어 있다. 불이 꺼진 뒤 재 속의 유골·사리를 수습하는 '기골·습골', 뼈를 잘게 부수는 '쇄골', 빻은 뼈를 뿌리는 '산골'의 절차이다. 따라서 사리를 수습할 경우 이를 따로 두었다가 부도에 모시고, 나머지 유골은 산골하게 된다.

현재 대부분의 문중에서는 큰스님이 입적했을 때 사리를 수습하고 있으며, 수덕사의 경우만 사리를 수습하거나 유골을 봉안하지 않고 산골하는 전통[78]을 이어가고 있다. 2013년부터 약 138회의 전통 다비를 주관하며 현장을 다닌 재가 전문가에 따르면,[79] 다비를 하는 경우 사리를 수습하는 비중이 3분의 1 정도이며, 사리를 수습하지 않을 때는 대부분 산골을 한단다. 때로 제자나 도반 등이 입적한 승려를 기리기 위해 재가자와 마찬가지로 사찰의 봉안탑이나 봉안당에 유골을 모시기도 하나, 이는 드문 경우이다.

6. 마치는 말

다비의식은 불교가 들어온 이래 면면히 이어온 출가수행자의 장법이다. 불교가 억압받던 시대는 물론, 화장이 수용과 배척의 역사를 거듭하는 가운데서도 전통 법식으로 꾸준히 치러졌다. 예전에는 민간에서도 관혼상제 등 일생의 소중한 통과의례를 공동체와 함께 자체적으로 주관해왔으나, 지금은 삶의 기반이 달라져 전문업체가 이를 대행함으로써 전통문화의 전승 맥락이 사라진 지 오래다. 이에 비해 승가 공동체에서는 죽음의 문제를 스스로 감당하며 불교특유의 의식으로 치르는 문화를 이어오고 있다.

　모든 것이 간소화된 오늘날의 관점에서 보면, 다비는 노력과 비

78　　강승규, 앞의 책, p.74.
79　　면담 내용: 유재철(연화회 대표), 2023. 6. 15.

용이 많이 드는 번거로운 장법임에 틀림이 없다. 그러나 출가수행자로 살아온 삶을 불교의 핵심이 담긴 전통 다비로 마무리하면서 남기는 메시지는 참으로 크다.

다비에서 불을 붙이는 하화下火의 순간에 범패승은 "새 인연이 화합하여 잠시 존재했다가 사대四大가 흩어져 다시 공空으로 돌아갑니다. 몇 년이나 허깨비의 바다에 노닐었습니까. 오늘 아침 비로소 껍질을 벗어버리니 나는 듯 경쾌하고 가벼우십니다"라는 내용의 무상게를 염송한다. 어떤 장법이든 지수화풍地水火風의 사대로 이루어진 육신이 흩어지는 것은 다를 바 없다. 다비는 그러한 과정을 한순간에 보여줌으로써 생로병사의 무상함, 존재하는 모든 것이 실체가 없다는 진리를 명징하게 드러낸다. 그 속에서 죽음은 슬프고 무거운 것만이 아니라, 고해를 벗어나 본래 모습을 되찾는 환희로운 순간으로 승화되는 것이다.

무엇보다 한국의 다비의식은 다른 불교 국가에서 볼 수 없는 독특하고 체계적인 장법으로서의 특징을 지녔다. 절차에 따라 의식문을 갖추어 여법하게 봉행하되, 연화단을 구성하는 방식은 문중마다 서로 다른 갈래로 전승되어왔다. 일상의 수행과 다를 바 없이 각자의 형편에 따라 자체적으로 죽음을 감당해오면서, 문중 특유의 다양한 다비의식을 봉행해온 것이다.

이처럼 수십 년 전까지만 해도 문중마다 독자적인 방식으로 전통 다비를 행했으나, 점차 전승 기반을 잃어가고 있다. 승가 전문가조차도 체계적인 교육과정 없이 큰스님 장례를 봉행하면서 의식을 습득해왔고, 마땅한 전수자도 없는 현실[80]이다. 수십 년 전까지 사부대중이 각자 역할을 나누어 의식을 봉행했지만, 지금은 의식을 주관하는 노스님이 있어도 함께할 전승 주체가 없어 자체적인 다비 진행이 어려운 상황이다. 예전과 달리 젊은 승려들은 스스로 상장례의 주체가 되는 데 부담을 느낄 수밖에 없을 것이다. 전통 다비장을 갖추고 있더라도 수십 년간 방치한 곳이 많아서, 대한불교조계종의 경우 다비장에 해당하는 조건을 갖춘 곳은 14~15개 정도에 불과[81]하다.

이러한 사정으로 인해 2013년경부터 상장례를 대행하는 재가 전문단체에서 다비를 주관하는 가운데, 승려들과 함께 다비의식을 진행하는 사례가 증가하고 있다. 그 결과 문중의 전통 법식보다는 효율적이고 표준화된 다비의식이 이루어지고, 다비에 필수적인 요소들 또한 옛 모습을 잃어가고 있다.

한편으로 일반 승화원을 이용하는 승려가 대부분을 차지하는 가운데, 승가의 여법한 다비의식으로 삶을 마감하고자 하는 바람이 이어지고 있다. 따라서 전통 다비의식에서 망실된 부분을 복원하는 노력과 함께 현실적 문제를 해결할 개선 방안을 마련하는 일이 시급하다고 하겠다.

---

80   조동섭(2013), 「다비의 기원과 전개: 茶毘의 變容」, 『다비 현황 조사보고서』, p.15.
81   강승규, 앞의 책, p.92.

3장

귀환의 몸짓에 밴 언어의 미학

: 다비 의문과 의궤를 중심으로

이성운

동방문화대학원대학교 교수

\\\
///
\\\

1. 서언: 의문과 의궤

인간은 아무리 자기가 존경하고 사랑하는 사람일지라도 목숨이 다한 이와 함께 살 수 없다. 해서 헤어짐의 아픔을 이겨내며 목숨이 다한 몸(시신)을 어딘가로 보내주어야 한다. 흔히 장례라고 하는 행위를 하는 것이다. 장례는 대표적인 흉례라고 할 수 있는데, 길례는 조금 가볍게 여겨도 흉례는 더욱 소중하게 여겨야 한다.[01]

고도의 사유체계를 가지고 있는 장례는 민족과 지역, 종교에 따라 그 모습을 달리한다. 잘 알고 있듯이 예로부터 천축(인도)에는 수장水葬, 화장火葬, 토장土葬, 임장林葬[02] 등이 있었으며, 지역과 토양

---

01   懶庵 眞一 編, 『釋門家禮抄』(『한불전』8, 277中).

02   釋道誠 集, '葬法', 『釋氏要覽』(T54, 308c).

에 따라 다양한 장법 문화가 발달했다.

한편, 장례는 단순히 목숨이 다한 이를 떠나보내고 숨기는 수단에만 머무르지 않고, 정치사회의 질서를 규정하는 문화 체계로 발전하였다. 조선시대 17세기 중엽 이후의 예송논쟁禮頌論諍이 그것을 잘 설명하는 사례라고 할 수 있다. 또 17세기 중반 불교의 상례 서적에 등장하기 시작하는 '오복도五服圖'나 '명정지규銘旌之規' 항목의 편입은 단순히 관계와 신분에 따라 어떤 상복을 입을 것인가 만이 아니라 사유재산의 상속 등을 밝히기 위한 것이라고 알려져 있다.[03] 『칙수백장청규』에는 망승亡僧과 천화遷化[04] 조목으로 나눠 다루고 있는데, 국내에서는 그 차이를 무화無化시켜버리고 있으며, 이것은 국내 상의喪儀의 특징이라고도 할 수 있다.

그렇다면 불교 수행자들이 사망하면 그 시신을 처리하는 장례 의문인 '다비문茶毘文'은 언제부터 지금과 같은 모습으로 정착되었을까. 1636년 편찬된 벽암각성의 『석문상의초』나 나암진일의 『석문가례초』의 서문이 이것을 유추할 수 있는 단초를 어느 정도 제공해준다.

두 의례서의 편자들은 '서書', '근서謹序'라고 서문을 쓰고 있는데, 그 서문에서 한결같이 "석씨상의釋氏喪儀/석씨가례釋氏家禮와 같

---

03 http://www.newsrep.co.kr/news/articleView.html?idxno=35049 2023년 7월 23일 14시 검색.

04 德輝奉 敕重編, 『敕修百丈清規』(T48, 1127c~, 1147c~). 住持章第五의 遷化 조목 16단계와 大衆章第七의 亡僧 조목 8단계로 이원화되어 있다.

은 책은 우리나라(동국東國)에는 본래 그런 책이 없었"다고 설명하고 있다. 그러면서 "자각慈覺의 『선원청규禪院淸規』나 응지應之의 『오삼집五杉集』, 도성道誠의 『석씨요람釋氏要覽』을 읽어보니 거기에 가례가 너무나도 상세하게 기록되어 있었는데, 그것은 중국에서 숭상하던 법으로서 동방의 예와는 걸맞지 않아 그 요점만을 초출抄出하여 초학初學들에게 남겨주겠다"[05]고 하고 있다. 두 의례서의 편자는 '서', '근서'라고 서문을 쓰고 있으나 내용이 거의 같은 것으로 보아 두 사람의 창작이라고는 볼 수 없고, 10세기에 활동한 송의 응지[06]가 술한 『오삼연야신학비용五杉練若新學備用』(이하 『오삼집』) 권중의 글을 참조해서 편집한 것으로 보인다.

그런데 여기서 『석문상의초』와 『석문가례초』의 편자들이 '불교에 적합한 가례가 없다'고 하는 것을 어떻게 이해해야 할까. 왜냐하면 이전 시대 '제반문'[07]들에는 현행 의문의 초본이라고 할 수 있는 '다비작법'이 존재하기 때문이다. 그렇다고 '없다'라고 하는 것을 단순하게 생각할 수도 없을 것이다. 두 편자가 '가례가 없다'고 하는 것은 단순히 의문이 없다는 의미가 아니었을 것이기 때문이다. 아마도 상의, 상례의 행위, 곧 몸짓을 어떻게 할지를 설명해주는 의

05   碧巖 覺性 編, 『釋門喪儀抄』(『한불전』 8, 237上); 懶庵 眞一 編, 『釋門家禮抄』(『한불전』 8, 277中).

06   박용진, 「朝鮮時代 刊經都監版 『五杉練若新學備用』 編纂과 그 意義」, 『한국논총』 31, 한국학연구소, 2009, p.391.

07   釋王寺(1574), 『勸供諸般文』; 寶林寺(1575), 『諸般文』; 서봉사(1580), 『諸般文』.

벽암각성의『석문상의초』서문	나암진일의『석문가례초』서문
夫吉禮且輕 凶禮尤重 旣含齒戴髮 豈可一槩忘情而絶其禮哉 雖我宗以寂滅爲樂 生死是常隨方毗尼 後合其則如釋氏喪儀 東國素無其本 釋門上德歸寂 凶禮多違 龕室當堂 哀泣同俗 旣無生善之路 且虧遵古之道 遍相沿襲 實所堪傷 兼迺口吊祭文 言多無稽 制服輕重 罔所合規 至於酬答書題 匪窮高下 闍維導從 凶吉相糅 余每以介懷 近得慈覺大師禪院淸規 應之大師五杉集釋氏要覽讀之其中最爲龜鑑者 喪禮一儀甚詳 而但是中國所尙之法 不合東方之禮故 抄出其要 分爲上下篇 以寄初學云	夫吉禮且輕 凶禮尤重 旣含齒髮 豈可一槩忌情而絶其禮哉 雖我宗以寂滅爲樂 生死是常隨方毗尼 須合其則 如釋氏家禮 東國素無其本 釋門上德歸寂 凶禮多違 龕室當堂 哀泣同俗 旣無生善之路 且虧遵古之道 遞相沿襲 實所堪傷 兼乃口吊祭文 言多無稽 制服輕重 罔所合規 至於酬答書題 匪窮高下 闍維導從 凶吉相糅 余每以介懷 歎息 近得慈覺大師禪院淸規 應之大師五杉集 釋氏要覽 讀之 其中家禮甚詳 而但是中國所尙之法 不合東方之禮 抄出其要 以寄初學云爾
峕大明崇禎丙子(1636)秋 日 碧巖長老 書 于華嚴寺丈室中	時大明崇禎丙子 八月 中浣 懶庵眞一 謹序

〈표1〉『석문상의초』와『석문가례초』의 서문 비교

궤가 없다는 언표라고 생각된다. 즉 의문은 있으나 그것을 실행하는 규범이 없다는 것이다. 명정(죽은 사람의 관직과 성씨 따위를 적은 기)은 어떻게 쓰고, 발인은 어떻게 하고, 또 오방법사는 어디에 서고 하는 등의 '행하는 방법'이 제대로 정리되어 있지 못함을 지적하는 발언이라고 생각된다.

이를 증명하는 방법은 16세기 다비 관련 의문과 '의궤儀軌'라고 할 수 있는 『오삼집』 등을 비교해보면 쉽게 이해할 수 있다. 먼저 제 의문들의 다비 관련 목록(〈표2〉)을 살펴보자.

『권공제반문』	금산사 『제반문』	『범음산보집』	『작법귀감』	『정행 다비작법』
시다림작법	시다림작법		삭발운	사자단작법
삭발	삭발	명정서규	목욕운	삭발편
목욕	목욕	오방불규	세수운	목욕편
세수	세수	무상게서규	세족운	세수편
세족	세족	소신처치수	착군운	세족편
착군	착군	기법	착의운	착군편
착의	착의	다비문절차	착관운	착의편
착관	착관	법시입방법	정좌운	착관편
정좌	정좌	상려시련도	시식운	정좌편
시식 찬향	시식 찬향	십이불호	표백	안좌게
입감	입감	다비법사입	입감운	시식문
기감	기감	방법	십이불호	진반 다게
	거화	영반식 시식	거감편	표백
(*이하 확인불	창의	창거화	보례삼보	입감편
가능)	습골	하화법	반혼착어	기감편
	기골	반혼착어	다게	신체발인규
	쇄골		거화편운	십이불호
	산골	(*방식 등 의궤	하화편운	제문
		만 주로 정리하	오방불규	아미타단작법
		고 있고 의문은	수경게	반혼착어
		정리해놓지 않	축원	
		고 있음. 나암	봉송편	거화편
		진일의 『석문	표백	봉송편
		가례초』 권상	[창의]	창의편
		을 주로 따르고	습골운	기골편
		있음)	기골운	습골편
			산골운	쇄골편
				산골

〈표2〉 제반 다비작법의 절차 비교

석왕사『권공제반문』(1574)과 보림사『제반문』(1575)의 다비작법 차례도 비슷하다. '삭발운, 목욕운, 세수운, 세족운, 착군운, 착의운, 착관운, 정좌운, 시식운, 표백, 입감운, 기감운, 거화, 하화운, 창의, 습골운, 기골운, 쇄골운, 산골운' 순으로 진행되고 있다. 한편 〈표2〉에서『범음산보집』의 차례는『오삼집』의 차례를 보면 그것이 편집된 연유를 알 수 있다.

지금까지 전해지는 삼권『오삼집』은 간경도감에서 1462년 간행된 것으로,[08] 상권의 앞부분은 결락되고, 남아 있는 부분은 법수法數의 불교 개념을 주로 다루고 있다. 중권은『석문상의초』나『석문가례초』의 서문에서 확인되는 '오복도'의 내용을 볼 수 있어 17세기에 편찬된 한국불교의 의례 작법이『오삼집』에 의거하고 있음을 알 수 있다. 특히 중권은 상례에 관한 전반적인 설명으로 채워져 있는데, '조위의弔慰儀'를 필두로 스승, 부모, 사백師伯, 숙형叔兄, 소사小師 등 조문하는 법과 '제문식양祭文式樣' 등 제문을 쓰는 법, 위문을 쓰는 법, 답을 쓰는 법 등을 제시하고 있다. 스승이 사망하였을 때 위문하는 법과 '위사망慰師亡' 등의 위문하는 방식, 부고를 보내고 답서를 보내는 양식 등이 소개되어 있다. 그리고 '논서제고論書題高', '상존인활달서上尊人闊達書' 등이 편집되어 있다.

마지막으로 하권의 서두에서 응지는『오삼집』을 서술하게 된

<hr />

08　筆者, 影印本 所有. 江田俊雄, 「李朝刊經都監と其の刊行佛典」, 『朝鮮佛教史研究』, 國書刊行會, 1977, pp.313~314.

연유를 문중에서 단월의 청복請福을 위해서 하고 있으며, '위병인 수오계문'과 같은 '수오계문受五戒文'과 '방생문放生文', 병인이나 망인을 위한 '십념문十念文', '시식施食', '현번懸幡' 등 상례에 관한 글과 의례들을 제시하고 있다.

17세기 초반에 편집된 『석문상의초』와 『석문가례초』는 서문에서 밝히고 있듯이 우리나라의 상황에 맞는 것을 추려 의궤로 정리해놓았다. '다비작법절차', '시행입규', '십이불호' 등 발인하는 법과 '반혼착어', '다비법사창봉송편' 등이 나열되어 있다. 두 의문의 주요 차례는 『오삼집』의 그것을 정리하고 있다고 할 수 있다. 『석문가례초』 하권의 항목을 보면, 장杖과 곡哭, 행조行弔, 수조受弔, 분상奔喪, 장법葬法, 사유闍維, 사리舍利, 입탑立塔, 명銘, 칭고稱孤, 기일忌日, 소자疏子, 조서법, 위서법 등이 제시되어 있다. 즉 상례를 행하는 절차이다. 이 절차를 다루는 것을 '의궤儀軌'라고 하고, 이 상례의 행위에서 망자에게 상황을 설명하는 언사를 '의문儀文'이라고 한다.

국내 상례 의문 자료가 16세기 초반의 것들이라고 해서 그 시기에 편집되었다고 할 수는 없다. 즉 그 이전부터 성립되어 전해지고 있었을 것으로 추정된다. 한국불교에 전해지는 의문들의 성립 시기를 찾기는 쉽지 않다. 『오삼집』이나 『석문상의초』, 『석문가례초』처럼 편집 시기와 편집자가 분명하지 않기 때문이다. 사찰의 제반사 의례를 담고 있는 『제반문』에 실린 다비 관련 작법들의 명칭은 '시다림작법', '다비작법', '다비문'이라고 지칭되고 있는데, '다비'는 화장에서 온 용어라고 할 수 있고, '찬 기운의 숲'을 뜻하는 한림

寒林의 '시다림'은 임장[09]에서 의거한 용어라고 할 수 있다. 두 용어
의 근원이 화장과 임장이라는 것을 인정하면 한국불교의 상례 문
화는 두 문화가 절충된 산물이라고 볼 수 있다.

「다비문」에는 의문만 담겨 있어서 이를 보완하기 위해 상례 관
련 일들을 정리해놓은 17세기 의궤로 인해 이후의 의문에 변화가
일어나는데, 이는 어찌 보면 당연한 일이다. 19세기 후반에 이르면
「다비문」에 절차에 대한 설명이 없어, '사자반使者飯을 차리라'[10]고
하니 『결수문』의 사자단使者壇 의식을 편제하거나,[11] '제 의문에 습
골 뒤에 기골은 불가한 것과 같다'라고 하며 기골起骨을 습골拾骨 앞
으로 옮겨놓고 있다.[12] 이것은 골호骨壺를 옮기는 과정인 기골을, '뼈
를 일으켜 세워서 유골을 수습하는 것'이라고 이해한 데서 일어난
일이다. 이렇게 인식하게 된 것은 의문 위주로 전승되는 과정에서
일어나는 오류라고 할 수 있다. 그래서 의궤를 제대로 정리할 필요
가 생겨났다.

17세기 조선의 불교 지식인들이 불교 집안의 상례를 가례라고
하며 정리한 것은 당시 조선 사회에서 중시되기 시작한 4대 봉사
의 확립 등 가례의 변화에 부응하는 일이라고 할 수 있다. 당시 불

---

09   釋道誠 集, '葬法', 『釋氏要覽』(T54, 308c). "林葬謂露置寒林伺諸禽獸(寒林卽西域
      葉尸處, 僧祇律云:謂多死尸凡入者可畏毛寒故名寒林. 今云尸陀林訛也)."
10   智還 集, 『天地冥陽水陸齋儀梵音删補集』(『韓佛全』11, 503下).
11   井幸 編, 『茶毘作法』(『한의총』3, 572下~573下).
12   井幸 編, 『茶毘作法』(『한의총』3, 582下).

교 지식인들은 『선원청규』, 『오삼집』, 『석씨요람』을 읽으며 우리에게 적합한 상례를 확립하였다. 이것은 의례가 당대인들의 정체성을 확립하는 중요한 요체의 하나라고 보았기 때문이다.

이상으로 간략하게 의문의 전승과 의궤의 편집을 일별하여 그 차이를 살펴보았다. 이 장은 불교 상례에서 발인 이후의 의문인 다비문이나 의궤에 담긴 문화의 특성을 살펴보고자 하는 데 목적이 있다. 발인 이후 의문의 특성을 조망하여 한국불교 상례의 문화재적 가치를 탐구해보는 일환이라고도 할 수 있다.

사람이 목숨이 다하면 예를 갖춰 시신을 처리하고, 죽은 이로 하여금 무상을 깨닫게 하며, 다시 태어나 서원을 이루라고 발원한다. 이것은 생사불이生死不二의 생사관을 바탕으로 하며, 귀환하고 순환하는 윤회관에서 일어나는 몸짓이자 사상이라고 할 수 있다. 한국불교 다비문과 의궤 등에 담긴 귀환의 몸짓은 크게 떠남과 되돌림의 두 과정으로 나눌 수 있다. 떠남은 발인 이후의 여정이고, 되돌림은 다비로 본래 무일물의 세계로 되돌리는 여정이다. 이제부터는 떠남과 되돌림의 두 과정을 장엄하는 언어에 담긴 아름다움과 그 문화를 탐닉해보자.

2. 떠남의 몸짓에 담긴 언어의 미학

정해진 장례일이 되면 출감出龕으로 발인이 시작된다. 발인의 시작은 입감入龕[13] 이후 기감起龕[14]부터라고 할 수 있다. 그런데 1575년 간행된 보림사 『제반문』의 「다비작법」이나 17세기 말 금산사 『제반문』의 「시다림작법」에 따르면, '입감'과 '기감' 사이에는 발인에 관한 그 어떤 지문이나 대사가 발견되지 않는다. 이것은 어떤 행위도 하지 않은 것이 아니라 따로 정리된 의궤 없이도 발인 행위를 할 수 있었기 때문이다.

떠남의 몸짓은 발인 이전과 발인 이후 노제 등 화장장에 도착하기 전까지라고 할 수 있다. 다비문에 의하면 '입감' 이후 '거화舉火' 사이의 '기감' 전후에 관련된 몸짓은 다비 의궤에서만 다루고 있다. 17세기 초반 『석문가례초』에는 「신체발인시행입규」가 등장하는데, 신체를 넣은 감龕이 발인할 때 선후와 좌우에 배행하는 방법은 다음과 같다.

먼저 위의威儀를 세우는데 용기龍旗 1익翼, 부채 1쌍, 봉황이 그려진 부채(봉선) 1쌍, 호랑이를 그린 일산 1쌍, 둥근 부채 1쌍, 털채찍 1쌍, 불자拂子 1쌍, 천원지방天圓地方(엽전 - 돈), 익부鈬斧, 횡조橫笊, 직조 直笊를 나열한다.

---

13   "大衆且道 古佛也 伊麼去 今佛也 伊麼去 某靈駕也 伊麼去 何物不敢壞 是誰長堅固 諸人還知麼 某靈 與三世諸佛 一時成道 共十類群生 同日涅槃 其或未然 有眼石人濟 下淚 無言童子暗嗟噓."

14   "妙覺現前 禪悅爲食 南北東西 隨處快活 雖然如是 敢問大衆 靈駕 涅槃路頭 在什麼 處 處處綠楊堪繫馬 家家門外透長安."

다음에는 원불연願佛輦(원불을 모신 가마)을 세우고, 다음에는 인로
왕번引路王幡을 세우며, 다음에는 만사挽詞(추도하는 글을 쓴 깃발)를
세우고, 다음에는 명정名旌을 세우며, 다음에는 향정자香亭子를 세
운다.
이렇게 차례차례 행차할 순서를 정하고, 그다음에는 장례를 집전
하는 주승主僧이 사람들을 거느리고 영감靈龕의 왼쪽과 오른쪽에
나누어 늘어선 다음에 종을 세 번 치고 바라를 울린 후에 어산魚山
이 영취게靈鷲偈를 창唱하면서 각기 바라를 울린다.[15]

상려(가마) 행렬이라고 할 수 있다. 행렬의 전후좌우에 모셔지는
위의를 보아 영감의 주인은 대종사이다. 앞에서 한국불교의 상례
가 『칙수백장청규』에서 볼 수 있는 주지와 대중승의 차이를 무화시
켰다고 하였는데, 실제 상례 운구 행렬은 영감에 모신 높은 품위를
지닌 존재라는 것을 알 수 있다. 영취게를 염송하는 것은 일반적으
로 붓다를 상징하는 불사리를 이운하거나, 붓다를 대행하는 설주
등을 모시는 이운을 할 때 행하는 것이다.[16] 영감 앞에서 원불연이
선도하는 것을 볼 수 있는데, 이를 통해 주지 스님을 비롯한 수행자
들이 원불을 모시고 수행하였음을 알 수 있다. 또 먼 길을 갈 때는

---

15   懶庵 眞一 編, 『釋門家禮抄』(『한불전』8, 280中).
16   智還 集, 『天地冥陽水陸齋儀梵音刪補集』(『韓佛全』11, 465下). "靈鷲拈花示上機
      肎同浮木接盲龜 飮光不是微微笑 無限淸風付與誰."

모시고 다니면서 조석으로 경례하며 수행하는 모습을 볼 수 있는데, 사후에 그 원불이 영감을 선도하는 것을 알 수 있다.

'자삼귀의自三歸依'를 하고 난 다음에는 세 자리에서 각각 바라를 울린다. 이때 다비를 주관하는 법사가 요령을 흔들고, '모령某靈'이라고 하며 당령(당해 혼령)을 부른 다음 혼령이 극락으로 향할 수 있도록 다음 게송을 읊는다.

만 줄기 청산青山은 범찰梵刹을 두르고
한 줄기 붉은 해는 시방세계를 비추네.
삼보三寶 가지加持의 힘을 받들어
운거雲車를 높이 몰아 극락세계 향해 가소서.
萬朶靑山圍梵刹 一竿紅日照十方 願承三寶加持力 高馭雲車向樂邦[17]

위 게송은 16세기 초 대령소참對靈小參 때 쓰이던 게송으로 17세기 중반 『석문상의초』와 『석문가례초』에도 인용되었으며, 이후 『작법귀감』(1826)과 일반 「다비문」에 정착되었다.

이제 혼령은 이생을 정리하고 극락을 향해 가야 한다. 영감이 되돌림의 다비를 위해 다비장으로 떠나는 발을 처음 떼려고 한다. 이때 행하는 노래의 선율은 아름답다. 대부분의 절구가 그렇듯이

---

17   懶庵 眞一 編, 『釋門家禮抄』(『한불전』 8, 280下).

대조의 미를 한껏 발휘하고 있다. 일반적으로 게송은 한시 절구의 기승전결 형식을 이루지 못한다. 절구의 대표적인 방식은 시상의 전환이라고 할 수 있는데 그것이 없기 때문이다. 그렇지만 이 게송은 대구의 묘미를 잘 드러내고 있다. 기승의 두 구는 만 줄기와 한 줄기라는 큰 수와 작은 수의 대칭을, 그리고 청산과 붉은 해의 색채미를 조화시킨다. 또 범찰을 둘러싸고 시방을 비추는 수평과 수직의 대립으로 게송 기승 구의 아름다움을 대비시키고 있다. 따라서 수의 대비, 색채의 대비, 땅과 지상의 대비, 둘러쌈과 비춤의 대비, 범찰과 시방을 대비시키고 있는 것이다.

그다음으로 삼보력의 가피에 의지하여 운거를 높이 몰아 극락을 향해 가라고 하고 있다. 발인의 첫 단계로 혼령에게, 혼령의 길이 극락이고 그곳으로 가는 데는 운거, 곧 구름 수레를 높이 몰아야 한다는 것이다. 이렇게 혼령에게 극락으로 떠나가라고 노래한 다음 어산이 '십이불호'를 창창唱하며 대중이 '귀명아미타불'을 화창和唱한다. 아미타불의 명호를 열두 번 부른다고 해서 '십이불'이라고 하고 있으나, 실제 '나무 서방극락세계 대자대비 아미타불'은 십념十念이다. 아마도 아미타불의 양대 협시보살을 아미타불의 화신이라고 보고 십이불호라고 하는 것 같다.

먼저 십이불호를 일별해보자.

"서방극락세계 대자대비大慈大悲 아미타불께 귀명歸命하며, 금대보좌金臺寶座에 앉아 허공 타고 오시어 이 몸을 맞이해 인도하사 정토

에 가서 태어나기를 발원합니다"하면, 대중은 "귀명아미타불"이
라고 화답한다. [이하 화창 동일]

"서방극락세계 대자대비 아미타불께 귀명하며, 곧 부처님의 명호
를 좇아 몸이 이 세계를 벗어나 안락安樂의 국토에서 믿음으로 받
고 받들어 실천하기를 발원합니다."

"서방극락세계 대자대비 아미타불께 귀명하며, 관음觀音 세지勢至
보살님께서 갈 길을 인도하사 가장 선한 사람을 따라 부처님의 국
토에 노닐며 살아가기를 발원합니다."

"서방극락세계 대자대비 아미타불께 귀명하며, 보배의 땅에서 경
행經行하고 원림園林에 유희遊戲하면서 삼공三空을 크게 깨닫고 팔
고八苦를 겪지 않기를 발원합니다."

"서방극락세계 대자대비 아미타불께 귀명하며, 아유월치阿惟越致
의 지혜와 이 불퇴심不退心으로 저 생겨남 없는 경지를 증득하고
무생인無生忍에 통달하기를 발원합니다."

"서방극락세계 대자대비 아미타불께 귀명하며, 금모래에 맑은 물
과 보배나무 허공에 떠 있는 곳에서 4다라니를 깨닫고 6바라밀을
얻기를 발원합니다."

"서방극락세계 대자대비 아미타불께 귀명하며, 무량수불無量壽佛
을 만나 한량없이 많은 광명을 얻으며 자재롭게 유희하며 넉넉한
광명의 상相과 꼭 같아지기를 발원합니다."

"서방극락세계 대자대비 아미타불께 귀명하며, 지혜로운 자를 가
까이하여 최상의 착한 사람과 같아지게 하며, 여래를 만나 문득 수

기를 받고 법을 듣게 하기를 발원합니다."

"서방극락세계 대자대비 아미타불께 귀명하며, 흔들리지 않는 지혜를 얻고 스스로 자재한 몸을 이루며, 오분향五分香 사르고 육도六度(육바라밀)가 원만하기를 발원합니다."

"서방극락세계 대자대비 아미타불께 귀명하며, 모든 부처님께 함께 돌아가서 하늘과 사람을 크게 교화하고, 맑고 깨끗한 몸으로써 청정하고 미묘한 법을 연설하게 하기를 발원합니다."

서방극락세계의 대자대비하신 관세음보살님께 귀명합니다.

서방극락세계의 대자대비하신 대세지보살님께 귀명하며, 관음보살님과 대세지보살님의 큰 서원이 유행流行하고 연화보좌 가르쳐 주시어 정토에 태어나게 하기를 발원합니다.[18]

'십이불'은 아미타불을 칭명하여 아미타불께서 이제 혼령을 극락으로 안내하도록 부탁하는 염불이라고 할 수 있다. 처음 10불을 창하고 발원하며, 이때 대중은 "귀명아미타불"이라고 화답한다. 자세한 내용과 상례 의식상에서의 의미를 규명하기에 앞서 이 '십이불'의 근원에 대해서 살펴보고자 한다.

십이불호와 동일 구문은 『오삼집』의 「위병인십념문爲病人十念文」에서 찾을 수 있다. 일종의 '임종 의식'이라고 할 수 있는데, 임종 전

---

18   懶庵 眞一 編, 『釋門家禮抄』(『한불전』8, 280下); 亘璇 撰, 『作法龜鑑』(『韓儀叢』3, 456上~457上).

병인을 위해 십념을 창해주는 의식이다. 다만 '십이불호'의 첫째와 둘째 염문이 『오삼집』과 순서가 서로 바뀌어 있을 뿐이다. 나머지는 모두 같다. 조선 중기 불교 철자哲者나 식자識者들은 「위병인십념문」을 '십이불호'라고 하여 기감 전에 창하였는데, 이는 『오삼집』의 「위병인십념문」 표백에서 확인할 수 있다.

> 임종하려고 할 때 아미타불 명호를 칭명하면 죄의 본성이 소멸되어 즉시 안락국토에 가서 태어날 수 있으므로 경건히 붓다의 가르침에 의지하여 아미타불의 명호를 임종하려는 이의 귀에 듣게 해주면 마음의 인연이 청정의 근본이 된다.[19]

이것을 보면 십이불호는 임종 시에 아미타불 명호를 듣고 왕생 안락국토를 할 수 있도록 기원하듯이 발인 시에도 망자에게 불명호를 첩력이근輒歷耳根하는 인연을 지어주는 데 그 목적이 있다고 하겠다. 그런데 이 십념을 '십이불호'라고 하는 것은 어떤 까닭일까. 그것은 아마도 오방의 안락국토에 배대配對된 시간적 기년紀年(12년)의 인식에서 온 게 아닐까 추측해본다. 12월로 한 해가 바뀌고 12해를 기점으로 새로운 십이지十二支가 시작되듯이, 이승을 떠나 새로운 안락국토에 이르는 단계의 하나로 십념을 십이지로 이

---

19   應之, 『五杉演若新學備用』(간경도감, 1462), "若人臨命終時, 稱阿彌陀佛名號者 罪性消滅 卽得往生 安樂國土 虔依佛勅 稱彼佛名 耳聽心緣 爲淸淨之本."

해하여 십이불호의 칭명으로 수용했을 것이다. 여기서 아미타불을 십념하고 관음보살과 대세지보살을 더해 십이불호라고 이해하는 것은 조선시대 불자들의 독특한 사고가 투영된 것이라고 할 수 있다.

이제 영감은 밖으로 나와 화장장으로 떠나게 된다. 앞에서 '기감'이라고 하여 감을 일으켜 세운다고 하였는데, 『작법귀감』에서는 기감을 '거감擧龕'이라 지칭하고 있다. 감을 들고 밖으로 옮기면서 혼령과 대중들에게 혼령의 열반처를 다음과 같이 묻는다. "묘각妙覺이 앞에 나타나 선열禪悅로 음식 삼고, 동서남북 어디서나 쾌활하리. 비록 이와 같으나 대중께 묻노니, (모령의) 열반처는 지금 어디 있습니까?" 그리고 어록을 빌려와 "곳곳의 푸른 버들 말을 맬 만하고 집집마다 문밖은 장안 가는 길"[20]이라고 이른다. 문밖은 다 장안에 이르는 길이라고 하였다. 장안은 어디인가. 혼령이 가야 할 열반처요, 안락처라고 할 수 있다. 이제 그 길로 떠나는 것이다.

전통 석문釋門의 상례에서 떠남의 의문은 기감에 불과하다. 묘각은 현전하여 선열로 밥을 삼으며, 남북동서가 곳곳마다 상쾌하다고 노래한다. 이럴진저 오늘 모령이 열반할 곳은 어디냐고 묻는다. 하지만 답은 이미 말해버렸다. 그러니 그곳으로 타고 떠나는 말을 맬 곳은 수도 없다. 또 어디로 가도 다 장안으로 통하기 때문이

---

20   "處處綠楊堪繫馬 家家門外透長安"『密菴和尚語録』(1999) 등에 수없이 등장하는데, 최초의 발언자는 찾지 못했다.

다. 하니 혼령은 아무런 걱정 없이 길을 떠나면 된다는 것을 알려준
다. 떠남의 장면에서 떠나지만 따로 떠날 곳도 일체가 다 목적지를
향할 뿐이라는 노래는 처처가 법당이라는 불교사상의 현현이 아닐
수 없다.

> 다음에 감龕을 들고 맨 앞에 선다. 다음에는 다비법사茶毘法師가 방
> 위를 가려서 선다. 그다음에 무상게법사無常偈法師가 무상게를 설
> 한다. 다음에는 오방법사五方法師가 각각 오방번을 든다. 다음에는
> 어산魚山 사람들이 늘어선다. 다음에는 바라를 세 번 울리고 도량
> 을 세 바퀴 빙 돈 다음 시신이 들어 있는 널을 정중庭中에 멈춘다.
> 아주 큰 절이면 해탈문解脫門 바깥마당에 멈추고, 작은 절이면 월대
> 月臺 가운데에 멈춘다. 다시 널을 들었다 놓았다 하기를 반복한다.
> 다만 향정자香亭子와 명정名旌만 세 번 들었다 놓았다 해도 된다.
> 다음에는 다비법사가 다시 요령을 흔들어 울린다.[21]

불전을 떠나는 혼령은 불전 앞에서 삼보님에게 예를 올리고 떠
나가게 되는데, 이때 재자齋者가 명정을 들고 하직 인사를 올린다.
산내 암자에서 입적한 대사의 발인이 본사 정문 밖에서 하직하는
것으로 보아 본사와 산내 암자의 관계 혹은 질서를 확인할 수 있다.

---

21   亘璇 撰, 『作法龜鑑』(『韓儀叢』3, 457上).

다비장으로 떠날 때 '나무아미타불'을 염불하는 것은 '십이불호'의 그것과 같다고 할 수 있다.

한편 화장장으로 갈 때 노제를 지내는데, 이것은 속가의 풍습이 불가에 들어온 것이라고 볼 수 있다. 참고로 속가에서 하는 노제는 늦게 도착한 조문객을 위한 것이라는 설이 있다. 노제를 지낼 때는 햇빛 가리개 등으로 장막을 치고 단을 차려 제물을 진설하고 축문을 읽는다.『작법귀감』의 축문은 다음과 같다.

> 유세차 (아무)년 (아무)월 (아무)삭朔 (아무)일에, 제자 (아무)는 삼가 차와 과일 등 제물을 올리고 감히 (아무)당 대사의 영전에 밝게 고하옵니다.
>
> 아! 슬픕니다. 영으로 변하심이 어제와 같거늘, 문득 오늘에 미쳐서, 음성과 형상을 보지 못하게 되었으니, 어찌 사모하지 않을 수 있겠습니까? 몸은 부평초浮萍草가 되어 동서東西에 머무시니, 살아 계셨을 적에는 삼평三平을 짓지 않으셨고 죽어서는 신찬神贊을 본받지 않으셨습니다. 하늘을 우러르고 땅을 두드려도 저 자신은 더욱더 어둡고 아득할 따름입니다. 부족하나마 적은 음식을 차례 참된 혼령에 올리니, 부디 흠향歆饗하시옵소서.[22]

---

22   亘璇 撰,『作法龜鑑』(『韓儀叢』3, 457下).

전통 불교 상례의 의궤에 따르면, 영감을 가마에 매고 다비장으로 떠날 때 행렬을 원불연이 인도한다. 원불은 수행자들이 모시는 불상으로, 평소에는 거처에 모시고 유행할 때는 모시고 다니며 예경을 하는데, 임종하면 영감을 인도하는 역할을 하는 것이 특이하다.

떠남의 상례는 기감 이전과 기감하고 발인해서 다비장에 이름으로써 완성된다. 여기서 행해지는 제일의 몸짓은 발인하는 모습이고, 노제 등 다비장에 이르는 과정이다. 이 과정에서 가장 특이한 미적 장치는 청산과 홍일이 색채미로 대비되며 범찰을 둘러싸고 시방을 비추듯이 삼보의 가피력으로 안락국토로 향하시라는 발원 게송 부분과, 감을 일으켜 세우는 기감 부분, 망자를 위해 아미타불 십념 칭명의 십이불호로 왕생극락을 발원해주는 부분 등이라고 할 수 있다. 발원하는 게송의 색채와 공간미, 기감의 선적 미학, 십이불호의 구원의 미학이 질서 있게 짜여 있다.

3. 되돌림의 몸짓에 밴 언어의 미학

되돌림의 몸짓은 목숨이 다한 신체를 지수화풍의 본래 있던 곳으로 되돌리는 것을 의미한다. 이때 의식은 다비장에 이르러 준비하는 몸짓을 비롯하여, 횃불을 들어(거화) 신체를 태우기 위해 불을 넣는 몸짓(하화), 불타고 남은 유골을 수습(습골)해서 골호를 기골하여 유골을 쇄골해서 산골散骨하여 완전히 법계로 되돌리는 몸짓으로 나눌 수 있다. 예전에는 신체를 분소焚燒하는 사이에 망자의 유물을 경매하는 창의唱衣도 중요한 의례였으나 지금에 와서는 거의 행하지 않고 있다.

영감이 다비장에 이르면 원불탱화를 모시고 영자影子는 1층 밑에다가 단을 만들어 걸어놓는다. 또 단 앞에 명정名旌을 세운다. 그 두 개의 단 앞에 향화香華·등촉燈燭·다과茶果·호병胡餅 등 제사에 필요한 물건을 배설排設한다. 그런 다음 감(널)을 들어 장작 쌓아 올린 대 위에 옮기기 전에 위의威儀를 먼저 세우고, 인로왕번引路王幡을 세운다. 그다음에 오방법사가 각각 오방번을 들고 자리하고, 무상계법사가 서며, 다비법사가 서고, 상을 당한 사람들이 명정을 들고 선다. 그런 후에 널을 메고 천천히 걸어가서 대 위에 올려놓고, 다비법사는 방위를 가려서 선다. 오방법사는 각각 제 방위를 지켜 서고, 무상계법사는 사유소(다비장) 앞에 선다.[23]

그러고 나서 다비법사가 요령을 흔들면서 다음과 같이 창唱한다. 오늘날 혼령(영가) 법문이라고 할 수 있다. 『작법귀감』에는 "신원적 모령이여"라고 부른 다음 『열반경』, 『금강경』, 『화엄경』 등에 나오는 게송으로 법을 설해준다. 세상이 무너져도 열반의 모습은 변치 않는다고 말하며 『열반경』과 어록을 편찬한 게송[24]을 먼저 설

---

23   亘璇 撰, 『作法龜鑑』(『韓儀叢』3, 457下).

24   "無上大涅槃 圓明常寂照 劫火燒海底 風鼓山上擊 眞常寂滅樂 涅槃相如是."

하고, 그다음으로 "일체유위법 여몽환포영…"[25]과 "약이색견아 이음성구아…"[26] 하는 『금강경』의 두 게송을 설파한다. 마지막으로 "한 찰나에 한량없는 겁을 관하니, 과거도 미래도 현재도 없구나. 이와 같이 삼세를 깨달아 알면 모든 방편 뛰어나서 십력 이루리"[27] 라고 『화엄경』「광명각품」의 법을 설해준다.

다비장에 도착한 혼령에게 법을 설한 다음에는 차를 올리기 위해 자리에 앉기를 권한다. 육신이라는 허깨비 몸에서 나와 자리에 앉기를 청하는 것으로, 이를 '반혼착어返魂着語'라고 한다.

> 참된 본성은 미묘하여 헤아리기 어렵고
> 가을 못에 비친 달 계수나무 더욱 찬데
> 요령 울려 깨침의 길을 여니
> 허깨비 몸 벗으시고 영단에 앉으소서.
> 眞明性體妙難測 月墮秋潭桂影寒 金鐸數聲開覺路 幻軀永脫坐靈壇[28]

전통 상례의 협주에서 "다음에는 원선圓扇 1쌍을 세우고, 다음에

---

25   鳩摩羅什譯, 『金剛般若波羅蜜經』(T8, 752b), "一切有爲法 如夢幻泡影 如露亦如電應作如是觀."

26   鳩摩羅什譯, 『金剛般若波羅蜜經』(T8, 752a), "若以色見我 以音聲求我 是人行邪道不能見如來."

27   實叉難陀奉 制譯, 『大方廣佛華嚴經』(T10, 66a), "一念普觀無量劫 無去無來亦無住如是了知三世事 超諸方便成十力."

28   亘璇 撰, 『作法龜鑑』(『韓儀叢』3, 458上).

는 인로왕번을 세우며, 다음에는 명정을 세우고, 다시 영자단影子壇 앞에 봉안한 뒤에 안좌진언安座眞言을 창하라"고 하는 것으로 볼 때, 이 게송은 '안좌게'라고 할 수 있다. 안좌게송은 신원적 혼령의 반혼착어로, 기일 제사 때의 그것과 뒤의 두 구가 다르다. 『석문의범』 에는 현대의 발인의식이라고 할 수 있는 영결식을 축조하면서 이 게송은 혼령을 불러들이는 게송으로 활용되어 나타나고 있다. 첫째 구의 '진명眞明'이 '영명靈明'으로 변한 것은 그렇다 치고, 3구의 '금탁수성개각로 金鐸數聲開覺路'를 '금탁수성전청신 金鐸數聲傳淸信'으로, 4구의 '환구영탈좌영단 幻軀永脫坐靈壇'을 '잠사진계하향단 暫辭眞界下香壇'으로 신찬하고 있다.[29]

결론부터 말하면 『석문의범』의 반혼착어는 신원적 혼령을 영단에 모시는 안좌게송이라고 할 수는 없다. 결구에서 볼 수 있듯이 혼령이 거처하는 곳은 유랑流浪하는 곳이 아니라 진계眞界이다. 3구에서 그 진계로 청신淸信을 보내고 있음을 알 수 있다. 진계에 머물러 있는 존재는 신불이다. 혼령이 갈 곳이 없는 존재가 아니라 진계에 머물고 있으니 그곳으로 청신(깨끗한 마음을 가진 재자가 보내는 편지)을 보내어 오시게 해서 제사를 올리는 것이다. 해서 『석문의범』 영결식의 반혼착어는 기신忌晨(또는 기일)[30]에 제사를 올리기 위해 조

---

29   안진호 편, 『석문의범』 하권(만상회, 1935), p.148.

30   속인은 忌日, 승려들은 '示寂之辰'이라 구분한다. 亘璇 撰, 『作法龜鑑』(『韓儀叢』3, 381上).

상신을 불러 청해 앉도록 하는 반혼착어라고 할 수 있다.[31]

이 모든 절차가 끝나면 다비를 시작하게 된다. 다비 직전 혼령을 영단에 안좌하게 한 다음 차를 올림으로써 혼령의 죽음을 다시 한 번 분명히 인지하게 하는 장치이다. 영단에 안좌한 혼령에게 차를 올림으로써 거화 직전의 의식을 마치게 된다. 이때 올리는 다게는 조주 다게를 변용하여 사용하고 있다.

조주 스님의 차와 제수를 절하며 올리고,

충정의 작은 정성 표하오니,

삼계의 혼미한 꿈 깨어나 몸 바꿔 법왕성에 이르소서.

趙州茶藥親拜獻 聊表冲情一片誠 覺醉昏迷三界梦 翻身直到法王城 [32]

위에서 다약茶藥은 차와 진수(밥)를 뜻하며, 일편의 정성으로 삼계의 꿈을 깨라고 하고 있다. 일(1)과 삼(3) 숫자의 대비를 통해 법왕성의 이름을 노래한다. 조주의 차는 불교 시식施食의 단골 메뉴이다. 차를 통해 인식의 전회轉回를 추구하는 불교의 미학이다. 단순히 차를 마셔 기갈을 없앤다는 의미가 아니라 진리의 목마름으로 비유된다. 깨침의 상징으로 승화되기 때문이다.

---

31   『석문의범』의 반혼착어는 제사를 올리는 「통용진전식」의 안좌게라고 할 수 있다. 亘璇 撰, 『作法龜鑑』(『韓儀叢』3, 391上).

32   亘璇 撰, 『作法龜鑑』(『韓儀叢』3, 458上).

차를 올리고 나면 법사와 상주들은 둥근 부채와 명정 따위의 사물을 들고 다비장으로 나아간다. 여러 위의물威儀物인 명정과 만사挽詞 따위를 모두 장작더미 위에 올려놓거나 세우면 다비법사가 거화를 창하는데, 거화 이전의 법문과 다례는 의궤에서만 나타나다가 19세기 이후에 일반화되어 의문에도 그대로 적용된다.

석문(불가)의 망자를 되돌아가게 하는 되돌림 방법에는 그 문화를 지칭하는 용어로 볼 때 화장과 임장의 요소가 모두 들어 있다고 앞에서 논했다. 그 가운데 신체를 태워 치우는 행위는 화장에 속하지만, 석문에 정착된 시다림 법문은 '십이불호'와 같은 의례 형식에 녹아 있다고 할 수 있다. 신체를 태워 숨기는 화장의 절차는 거화·하화에 불과하다. 실제 땅에 신체를 묻는 토장의식도 근대의 『석문의범』에는 편제되어 있다.

신체를 태워 숨기는 화장 문화 가운데 불교 전통의 하나인 사리(유골) 수습을 위한 독특한 방식이 현재까지 일부 전해지고 있다. 「소신처치수기법燒身處置水器法」에 따르면, "오방의 땅에 작은 그릇에 담아 매 방향 그것을 놓은 다음 정중앙의 세 척을 파서 중앙 방향의 수기를 놓고 돌 뚜껑으로 덮고 흙으로 묻는다."[33] 이와 유사한 방식이 현재 백양사 다비 전통으로 전해지고 있는데, 위 방식과는 조금 다르다. 사방 십자로 땅을 파서 물(명당수)을 3분의 2 정도 채

---

33   智還 集, 『天地冥陽水陸齋儀梵音刪補集』(HD 11, 503下).

운 항아리를 넣는데, 한지로 덮고 뚜껑을 덮은 다음 다시 그 위에 기와를 덮고 흙을 덮고 평평한 돌을 덮고 다시 흙으로 덮어 그 위에서 화장을 한다.[34]

사리 수습을 위한 독특한 방식은 곧 망자의 신체를 화장으로 처리한다는 것을 의미한다. 신체를 화장하며 그들의 몸짓 하나하나 행위에 대해 외치는 가사는 불교 문예 미학을 한껏 돋운다.

먼저 거화의 가사를 보자. 거화는 다섯 방향에서 불을 붙이기 위한 횃불을 드는 행위를 말한다. 거화에 아래와 같은 의미로 그것을 설명한다.

> 이 한 횃불은 삼독三毒의 불이 아니라, 바로 여래의 한 등이요 삼매三昧의 불입니다.
> 그 빛은 밝고 밝아서 삼제를 두루 비추고, 그 불꽃은 찬란하여 시방세계에 사무칩니다.
> 빛을 얻으면 일조에 든 붓다와 같아지나, 빛을 잃으면 만겁토록 나고 죽게 됩니다.
> (아무 혼령이여), 빛을 돌려 비춰 무생無生을 확실하게 깨달으면 뜨거운 번뇌의 고통을 벗고 쌍림 열반의 즐거움을 얻게 됩니다.

---

34   https://www.youtube.com/watch?v=7h-3SafIuEs 2023년 7월 25일 17:26 검색. 이 방식은 금산사 『제반문』(『韓儀叢』2, 542下)의 방식과 유사하다. "茶毘時 先以堀地五尺 置明堂水器 以石蓋蓋之 還使墳平四方 各置水一器 誦千手後 作臺安屍~."

此一炬火 非三毒之火 是如來一燈三昧之火 其光赫赫 遍照三際 其焰煌煌 洞
徹十方 得其光也 等諸佛於一朝 失其光也 順生死之萬刼 某靈 廻光返照 頓
悟無生 離熱惱苦 得雙林樂 [35]

불교 경전이나 의문은 교화나 의례 진행의 특징으로, 특히 염송
은 가장 중요한 전파 수단이라고 할 수 있다. 그러다 보니 경전이나
의문은 암기가 쉽게 편찬되는데, 그 수단은 대개 대구나 대비의 방
식을 채택한다. 거화에서 횃불을 들면서 "이 한 횃불은 삼독의 불이
아니"라고 하며, "여래의 한 등이요 삼매의 불"이라고 하였다. 즉
'한 횃불 삼독의 불'과 '한 등불 삼매의 불'로 대비를 드러내고 있다.
일과 삼의 숫자로 이어지는 연수로 대조를 드러내 횃불이 단순한
횃불이 아니라 불법의 등불이고 삼매의 불이라고 읊고 있다. 삼매
의 등불은 그 빛이 삼제(곧 삼세)를 두루 비추고, 그 불꽃은 시방에
통한다. 삼세라는 시간과 시방이라는 공간을 삼매의 한 등불의 빛
과 불꽃이 두루 통해 비춘다고 하고 있다. 신체를 불태우고자 하는
횃불을 들면서 이렇게 노래하며 혼령이 그 불빛을 얻게 되면 하루
아침에 여러 붓다와 같아진다고 하였다. 그렇지만 그 빛을 잃으면
만겁토록 생사를 반복한다고 한다. 하루아침의 일조와 오랜 세월
의 만겁이라는 시간의 대조로 깨침의 붓다와 윤회하는 중생을 대

---

35   亘璇 撰, 『作法龜鑑』(『韓儀叢』3, 458上).

조하고 있다. 이것으로 횃불을 들어 한순간에 번뇌를 불태우고 붓다와 같아질 수도 있고, 그것을 얻지 못하면 오래도록 생사를 되풀이하게 된다고 준엄하게 이르는 것이다.

횃불을 든 이나 횃불을 받는 이가 이 사실을 분명하게 알아차릴 때 불교 수행의 목적은 이루어진다. 그래서 불자들은 단순히 신체를 태우는 횃불이라고 이해하지 않고 여래의 한 등불이 곧 삼매의 불빛이라고 갈파하는 것이다. 그것을 알아차려 회광반조回光返照하면 문득 깨쳐 다시 남을 되풀이하지 않고 불타는 번뇌의 괴로움을 떠나 쌍림의 열반을 얻게 된다는 것이다. 대조와 불빛의 의미를 깨침으로써 혼령이나 불자의 목적인 열반을 성취하게 됨을 확연히 드러내고 있다.

이제 본격적으로 횃불을 다비단에 불붙이는 하화下火를 한다. 하화의 의문 또한 단순하나 그 문학적인 미는 압권이다. 먼저 의문을 보자.

세 인연父·母·子이 화합하여 잠깐 존재를 이루었다가 사대四大가 흩어져서 홀연히 공으로 돌아가게 되었으나, 몇 해를 허깨비 같은 고해를 유랑하다가 오늘 아침에야 껍질을 벗어 경사스럽고 쾌활하기가 봉래산을 만난 것과 같습니다.
대중들은 말해보시오. (모령이) 어디로 갔습니까? 목마 위에 누웠다가 몸 한 번 뒤집으니, 크게 붉은 불꽃에서 찬바람이 이는구나.
三緣和合 暫時成有 四大離散 忽得還空 幾年遊於幻海 今朝脫殼 慶快如蓬

大衆且道 某靈 向什麼處去 木馬倒騎䮃一轉 大紅焰裏放寒風 [36]

하화의 의문에서도 삼연(부·모·자의 세 인연)과 사대(지수화풍의 네 물질)로 수와 주객이 대조를 이루고 있으며, 허깨비의 바다(환해)와 봉래산을 대비시키고 있다. 환해를 헤매었지만 이제 오늘 아침 몸을 벗으니 기쁘기가 봉래산을 만난 것과 같다는 것이다. 다시 대중에게 묻는다. 모령은 어디로 갔느냐고. 스스로 묻고 스스로 답하는 대답은 탁견이다. 목마 위에 누웠다가 몸 한 번 뒤집으니 크게 붉은 불꽃에서 찬바람이 인다는 것이다. 목마는 상여喪輿이다. 상여에 감龕이 옮겨왔음을 넘어졌다고 맛깔스럽게 표현한다. 그리고 붉은 연꽃은 불타는 다비 속에서 피어난다. 불꽃이 연화이다. 이글거리는 불꽃에서 찬바람이 인다는 것은 무엇을 말함일까. 번뇌가 다 사라진 열반의 상태를 표현하는 방식이라고 할 수 있다. 또 찬바람은 '반혼착어'의 2구 '월타추담계영한月墮秋潭桂影寒'에서 읽을 수 있는 참寒일 것이다. 고도의 반어反語라고 할 수 있다.

이제 신체를 태우기 위한 다비단은 크게 붉은 불꽃을 내뿜으며 조용히 불타오른다. 그렇지만 다비단의 불꽃은 안으로는 맹렬하나 겉으로는 조용히 연기만 내뿜는 특징이 있다. 다비단을 쌓을 때 불꽃이 바깥으로 내뿜지 못하도록 청솔가지를 덮기 때문이다. 이는

---

36   亘璇 撰,『作法龜鑑』(『韓儀叢』3, 458上).

법구를 잘 태우고자 하는 것일 수도 있고, 화재를 예방하기 위한 현실적인 처방일 수도 있다.

이렇게 하화를 하고 나면 다비 방식에 따라 4~5시간, 혹은 12시간 이상 불타게 된다. 오랜 시간이 걸리다 보니 상주나 대중은 다비단 주변을 돌며 시신이 다 탈 때까지 "나무아미타불" 염불을 하거나 『행원품』이나 『연화경』 등을 함께 독송한다.[37] 『작법귀감』의 협주 설명에 따르면, 하화 때 오방법사는 요령을 내리고 오방불을 삼설하고 삼배를 하며, 무상게법사는 무상게를 설한다. 또한 오방불청 의식과 경전 염송을 위한 법석의 전경展經·轉經 의식을 제시하는데, 염향拈香, 거양擧揚, 법화경·행원품·금강경·미타경의 차례가 보이며, 이후 축원과 봉송의식 순서를 편집하고 있다.[38] 화장 시간이 길어짐으로써 절로 돌아와 창의 의식을 행하는 것을 『작법귀감』은 이렇게 협주하고 있다.

> 다음에는 대중들이 같은 소리로 염불하면서 불이 꺼질 때를 기다렸다가 불이 다 꺼지고 나면 각각 오방번五方幡을 흩어서 다시 불속에 넣어 태운다.
> 대중들이 절로 돌아올 때는 원불연이 제일 앞서가고, 다음에 인로왕번이 따라가며, 다음에는 향정자와 영자가 그 뒤를 따라간다. 서

---

37   智還 集, 『天地冥陽水陸齋儀梵音刪補集』(HD 11, 505上).

38   亘璇 撰, 『作法龜鑑』(『韓儀叢』3, 458上~459上).

서히 행차하여 가서 절 안에 들어가면 원불은 탁자에 걸어놓고, 영자는 불전에 참례參禮한 뒤에 영전影殿에 걸어놓는다. 다음으로 향화香華와 등촉燈燭, 호병胡餠 따위의 물질을 낱낱이 바쳐 공양하여 마친 다음 인로왕번은 불에 태운다.

이상 원불탱화와 영자를 모신 두 가마를 잘 모시고 절로 다시 돌아오는 왕래의 일은 대종사의 상례와 같이 하면 된다. 또 평범한 사람이라서 무릇 사물影子을 갖추지 못하였으면 다만 위패를 향정자에 모시고 오고 가고 하는 것도 가능하다.[39]

절로 돌아오면 창의 의식을 행한다. 창의는 망자의 소지품을 경매하여 칠칠재의 경비를 마련하는 것이다.

향 연기로 인하여 이 자리에 내려오사 창의를 증명하사 보고 듣고 아소서.
법신은 본래부터 항상 청정해 번뇌 끊고 보리를 깨치소서.
뜬구름은 흩어지면 자취를 남기지 않고, 남은 초도 다 타면 빛도 다하리.
지금 창의를 함은 무상無常을 나타냄이니, 우러러 대중의 십념 염함을 의지하소서.

---

39   亘璇 撰, 『作法龜鑑』(『韓儀叢』3, 459上).

위의 창의 염송 공덕은 혼령이 6근과 6진을 멀리 벗고 삼계를 초월하게 함이옵니다.

일천 성현 밟으신 길을 밟고, 일승一乘의 미묘한 도량에서 유희遊戲하소서.

바다 하늘 밝은 달은 처음 뜰 때고 바위 밑의 원숭이 울음 그칠 때.

因此香烟降筵席 證明唱衣見聞知 法身本來恒清淨 斷除煩惱證菩提 浮雲散而影不留 殘燭盡而光自滅 今玆 佶唱 用表無常 仰憑大衆 念十念 上來唱衣念誦功德 奉爲靈駕 逈脫根塵 超出三界 驀踏千聖之路 遊戲一乘之場 海天明月初生處 巖樹啼猿正歇時 [40]

창의를 할 때는 십념 이후에 대중에게 물건을 꺼내 보이고 가격을 정한 다음 다시 물건들을 창고로 보낸다.[41] 창의에서 돋보이는 문예미는 일천 성현의 길과 일승의 마당이다. 천 성인의 길이 곧 일승의 마당이라는 것이다. 그리고 마지막에 붙이는 선어禪語는 반어의 극치다. 바다 하늘 밝은 달이 처음 뜬다는 것이나, 바위 밑의 원숭이 울음을 그칠 때가 언제인가. 그것은 일심의 이전이고 중생 노름의 그침일 것이다. 그리고 창의하는 방식을 이렇게 소개한다.

---

40   亘璇 撰,『作法龜鑑』(『韓儀叢』3, 459上).

41   금산사(1694)『제반문』(『韓儀叢』2, 542上), "開封出物 大衆回看 價芝(定) 送付庫司."

요즘 사람들은 비록 창의하지 않으나 법에는 당연히 천거해야 한다고 하기에 일부러 써두는 것임을 알아야 할 것이다. 또 거물계擧物誡가 있지만, 그러나 한편 물건을 팔아서 영혼을 추천하는 일은 전부 제자들의 마음 씀에 달려 있으므로 비록 여기 기록해두지만 아무 유익함이 없을 것 같아 일부러 쓰지 않는다. 필요한 사람은 별록別錄에 가서 검토해보라. 불을 붙인 3일 뒤에 따로 혼령에게 대접할 음식을 마련해 위패를 받들어 모시고 다비한 곳으로 간다.[42]

『작법귀감』편찬 당시에 이미 창의 풍습은 사라졌던 것 같다. 『칙수백장청규』이래 창의가 편찬되고, 『석문의범』에도 전해지는 의문 그대로 편집하고 있다. 창의는 망자의 유물을 정리하는 것이므로 그 정신은 되살릴 필요가 있지 않을까 한다. '승오복도'의 상속과 더불어 창의의 형식을 되살릴 수 있으면 좋겠지만 그 가능성은 매우 적어 보인다.

이쯤 되면 불은 다 타고 사그라든다. 이제 유골을 흩는 일이 남았다. 보림사 『제반문』(1575)의 다비작법 의문이나[43] 금산사 『제반문』(1694)에는 "소진 후 각산"[44]이라거나 『천지명양수륙재의범음산

---

42   亘璇 撰, 『作法龜鑑』(『韓儀叢』3, 459上).

43   https://kabc.dongguk.edu/content/list?itemId=ABC_NC 보림사(1575) 제반문.

44   금산사(1694) 『제반문』(『韓儀叢』2, 541下).

보집』의 다비문에는 "진소, 산좌"[45]라는 지문을 볼 수 있다. 다비가 끝나고 나면 이제 남은 유골을 수습해야 한다. 습골, 기골, 쇄골, 산골하며 들려주는 법어를 감상해보자.

> "(모령이여), 취할 수도 없고, 버릴 수도 없습니다. 바로 이때를 당하게 되면 어쩌하시렵니까? 돌! 눈썹을 치뜨고 불 속을 보면 한 줌 황금 뼈가 분명하리다."[46]

취할 수도, 버릴 수도 없다. 유골을 수습하며 외치는 언사다. 지금 행위를 하고 있으나 그 행위도 부정한다. 그러나 또 수습한다. 이때가 바로 혼령이 집착을 모두 버리는 순간이다. "돌"(외침, 할)을 한다. 고함을 친다. 이렇게 순간의 착각을 부숴버린다. 눈을 크게 뜨고 불 속을 보면 한 줌 황금 뼈가 분명하다고 한다. 수습하면서 취할 수도 버릴 수도 없다고 하는, 이른바 취사를 버리거나 취하는 이것이 바로 분명한 황금의 뼈라고 할 수 있다.

이렇게 수습한 유골은 골호에 담는다. 골호에 담아 쇄골 터로 옮겨야 하기 때문이다. 골호를 옮기는 의식 행위를 기골이라고 하는데, 간혹 다비 의문 번역서에는 기골을 "뼈를 뒤지면서 말함"[47]이

---

45   智還 集,『天地冥陽水陸齋儀梵音刪補集』(HD 11, 505上).

46   金山寺(1694)『諸般文』(『韓儀叢』2, 542上), "取不得 捨不得 正當伊麼時 如何委悉 剔起眉毛火裏看 分明一掬黃金骨."

47   긍선 찬, 김두재 역,『작법귀감』(동국대학교출판부, 2010), p.284.

라고 하거나, 타고 남은 뼈를 일으키는 것이라고 하여 습골 앞에 기골을 편제하기도 한다.[48] 기골과 습골을 도치한 이 사례는 후대『석문의범』에도[49]그대로 전승된다.

습골이 끝나면 유골을 담은 골호를 쇄골할 곳으로 옮긴다. 수덕사 다비장 산 위 뒤편 바위에는 작은 절구 구멍 같은 것을 만들어놓았는데,[50] 바로 쇄골을 하는 곳이다. 다음은 그곳으로 골호를 옮기며 이르는 언사이다.

"(모령이여), 한 줄기 신령스러운 광명은 걸림 없음을 깨달아 몸 한 번 돌리시니 그 얼마나 자재自在합니까? 형상도 공한 것도 공하지 않음도 없으면 그것이 바로 여래의 진실한 모습이라네."[51]

일점과 일척으로 자재함을 얻는다. 그리고 그것은 무상無相, 무공無空, 무불공無不空이다. 그것이 여래의 진실한 모습이라는 것이다. 습골하고 기골하지만, 실제 이것은 무상, 무공, 무불공이라는 것이다. 이렇게 여래의 진실한 모습으로 일체 본래 자리로 돌아가

---

48   井幸 編,『다비작법』(『韓儀叢』2, 582下).

49   안진호 편,『석문의범』하권(만상회, 1935), p.147.

50   https://www.youtube.com/watch?v=7h-3SafIuEs 2023년 7월 25일 17:26 검색.

51   金山寺(1694)『諸般文』(『韓儀叢』2, 542上), "一點靈明 了無所碍 一擲飜身 多少自在 無相無空無不空 卽是如來真實相" 이하 의문은 금산사(1694)『제반문』(『韓儀叢』2, 542)의 것을 따른다.

는 것이다. 귀환하는 것이라고 할 수 있다.

귀환을 위해 이제 쇄골과 산골만을 남겨놓았다. 골호를 옮기면 다시 한 번 몸을 돌리라고 하는 것도 의미 있다. 골호를 쇄골하는 곳으로 옮겨온다. 골호의 뼈를 꺼내 절구에 넣어 잘게 부순다. 목숨 다한 이의 흔적을 지수화풍으로 돌려보내기 위해서다. 유골을 잘게 빻으면서 "모령이여"라고 불러놓고 이렇게 노래한다.

> 누구라도 정상 관문에 오르게 되면
> 산하대지 넓음을 알게 되리라.
> 인간 세상 분별 세계 나지 않으면
> 푸른 산 깊은 물에 어찌 걸리랴?
> 若人透得上頭關 始覺山河大地寬 不落人間分別界 何拘綠水與靑山 [52]

다비 의문의 노래 게송을 배치하는 방식이 독특하다. 절구를 반으로 나누어 그 사이에 표백문表白文을 넣고 절구의 뒤 두 구절을 노래하는 방식이 주로 채택되고 있다(다비문의 씻김 부분). 또 표백문 다음 마지막에 단구로 법을 설하는 경우, 절구를 쇄골에서처럼 처음에 먼저 노래하고 설명하는 방식을 사용하고 있다.

이 게송은 기승전결을 따르고 있다. 보통 게송은 설명의 방식이

---

[52] 金山寺(1694) 『諸般文』(『韓儀叢』2, 542上), "這介白骨 壞也未壞也 壞則猶如碧空 未壞則靑天白雲 靈識獨露 有在不在 還識這介麼 不離當處常湛然 覓則知君不可見."

므로 전구轉句 처리가 잘 이루어지지 않는데, 이 게송은 정상 관문에 오르면 산하대지가 넓다는 것을 알게 되리라고 하면서, 분별의 인간 세계에 떨어지지 않는다면 녹수와 청산에 걸릴 리 없다고 노래한다. 마지막 남은 유골마저 부수면서 더 이상 집착을 하지 않아야 한다고 이르는 것이다. 넓은 세상, 곧 분별 세계에 떨어지면 일체에 걸릴 수밖에 없다고 반어법으로 게송을 마치면서 다시 혼령에게 묻는다.

"백골이 부서졌습니까, 부서지지 않았습니까? 부서지면 푸른 하늘과 같을 것이요, 부서지지 않으면 푸른 하늘의 흰 구름과 같을 것입니다. 영식靈識이 홀로 드러나 있는 듯 없는 듯한 이 이치를 알겠습니까? 이곳을 떠나지 않고 늘 담담하니 찾아도 볼 수 없음을 아시게 되리."[53]

쇄골의 후반 표백문에는 부서지면 푸른 하늘과 같고, 부서지지 않으면 하늘의 흰 구름과 같다고 하고 있다. 여기서 흰 구름은 번뇌를 상징한다고 볼 수 있다. 부서져야지만 영식이 홀로 드러난다고 하며, 이것이 있는 듯 없는 듯하다고 하고 있다. 이 이치를 알아야 이곳을 떠나지 않고 늘 찾아도 볼 수 없음을 알게 된다는 것이다.

---

53   金山寺(1694)『諸般文』(『韓儀叢』2, 542上), "這介白骨 壞也未壞也 壞則猶如碧空 未壞則青天白雲 靈識獨露 有在不在 還識這介麼 不離當處常湛然 竟則知君不可見."

쇄골이라는 것은 마지막 남은 흔적이라고 할 수 있다. 그 흔적마저 빻아 가루로 만들어서 있는 듯 없는 듯해야 담담하다는 것이다. 이 때야 영식이 홀로 드러난다고 하면서 마지막 정좌의 산골을 기다린다. 뼛가루를 오방으로 날리는 산골의 언사는 짧다.

"(모령이여), 마른 재를 넓은 들판에 날리니, 뼈마디를 어디서 찾으리까? 땅에 떨어지는 한 소리가 비로소 뇌관牢關에 이르리. (돌) 한점 밝은 빛은 안팎이 없고, 오대는 허공 속에 흰 구름은 유유히."[54]

마른 재를 들판에 날리니 이제 뼈마디를 찾을 곳이 없다. 그런데 그 가루가 날리는 한 소리가 뇌관(지옥)에 이른다고 말하고 있다. 왜 감옥에 이르는가. 자유자재를 말함이다. '돌'이라고 할喝을 하고 한 점 밝은 빛의 한 점이라고 할 뿐이다. 그러니 안팎이 따로 없다. 오대는 오대산을 비유한다고 볼 수 있다. 안팎이 없는 한 점 밝은 빛은 오대산 허공 속에서 흰 구름으로 유유히 떠돈다. 앞에서 흰 구름은 번뇌라고 볼 수 있으나, 이곳에서 흰 구름은 자유자재를 표현한다.

산골 의문은 이렇게 끝이 난다. 하지만 『작법귀감』에는 "다음에는 오공양五供養을 하고 공양을 올리는 주문, 회향하는 주문, 『반야

---

54   金山寺(1694) 『諸般文』(『韓儀叢』2, 542下), "灰飛大野 骨節何安 驀地一聲 始到牢關 咄 一點靈明非內外 五臺空鎖白雲閑."

심경』독송을 하고, 다음에는 '아미타불진금색阿彌陀佛眞金色'에서부터 다비식을 끝내고 '다비식을 마치고 헤어지는 게송(파산게破散偈)'까지는 평상시와 같이 하라"[55]고 하고 있다. 본래의 자리로 돌아갔는데 이렇게 의식을 추가하고 있다.

19세기 후반의 『다비작법』에 이르면 동남서북중의 오방으로 산골하는 모습을 볼 수 있다.[56] 오방 산골에서 전통 산골 의문은 중방을 향해 산골 때 하는 언사의 마지막 부분에 편입되어 있다. 그리고 환귀본토진언 "옴 바자나 ㅅ다모"와 산좌송散座頌 두 구를 추가하고 있다. 실제 한 곳에서만 산골하지 않는 현실을 감안하여 편제된 것이라고 볼 수 있다.

후대 『석문의범』에는 환귀본토진언과 산좌송만 채택하고 있다. 환귀본토진언과 산좌송은 산골하여 앉는 그곳이 곧 백억계에 가득한 법신이 바로 앉는 자리라는 의미로 해석된다. 참으로 아름답다. 뼛가루를 흩어서 이르는 그 자리가 본토이고, 그곳으로 돌아가는 것은 환귀요, 귀환이라는 것이다. 그곳에 바로 앉는 산좌송은 잘 알려져 있으니, 다른 한 수의 산좌송인 좌와송坐臥頌을 읽어보자.

깨치신 붓다의 법신 대천세계 두루 하고
마음의 광명 인간 세계 뿌려 비추누나

---

55   亘璇 撰, 『作法龜鑑』(『韓儀叢』3, 459下).

56   井幸 編, 『茶毘作法』(『韓儀叢』3, 582下~583下).

영원히 여러 인연 이별하고 특별히 후의 몸도 이별하고
앉고 눕고 보배 연화대에서 노니누나.

靈覺法身遍大千 心光灑落照人天 永訣諸緣辭別後 逍遙坐臥寶蓮臺[57]

이제 귀환하였으니 여러 인연이나 후신도 이별하고 보배 연화대에서 앉고 눕고 자유롭게 노닐게 되었다. 산골로서 본래로 귀환하는 모습을 노래하고 있다. 이렇게 하여 불교 상례가 마무리된다.

정행의 『다비작법』의 귀환을 설명하는 마지막 협주는 다비문을 여법하게 하면 비록 대재를 행하지 않더라도 공덕이 무변하다고 이르고 있다. 본래 자리로 잘 귀환하도록 돕는 다비작법, 그것은 귀환의 몸짓이다. 그 몸짓을 최상의 법어로 장엄하고 있다.

4. 결어: 귀환의 문화

목숨이 다한 존재들을 돌려보내는 의식을 전통적으로 한국불교에서는 다비작법, 시다림작법이라고 호칭해왔다. 같은 듯하나 근원에서 차이가 있다고 할 수 있는 두 단어는 화장과 임장에 기원한다고 할 수 있다.

---

57   井幸 編, 『茶毘作法』(『韓儀叢』3, 5583下).

한국불교의 다비에는 은연중 화장과 임장의 두 문화가 혼합된 듯한 모습을 볼 수 있다. 붓다의 화장은 일주일이라는 시간이 지난 뒤에 행해졌으나, 현재 인도 등지에서는 사후 얼마 지나지 않아 곧바로 화장을 하고 있다. 그에 비해 임장은 며칠 혹은 꽤 오랫동안 시신이 한림에 머물게 된다. 그러다 보니 한림에 있는 망자를 위해 염불하거나 다양한 법어로 그들의 왕생을 돕는 일이 자연스러웠다. 불교 '시다림'을 임장의 모습이라고 하는 데 수긍하지 못하는 이들도 있겠지만, 그렇다고 다비와 시다림작법을 화장과 임장의 산물이 아니라고 할 수는 없을 것 같다.

한국불교의 『다비작법』 의문은 현재 16세기 중반의 자료가 최고라고 알려져 있으나, 성립 시기는 그보다 훨씬 이전이라고 할 수 있다. 늦어도 고려 후기에는 성립되어 『제반문』 등에 실려왔다고 추측할 수 있다. 그런 연유로 불가의 구전에 의하면, 한국불교의 다비문은 고려 말 나옹 대사가 찬했다고도 할 수 있다. 그것을 나옹이 완성한 게 아니더라도 나옹의 대령 법문들로 다비문이 이뤄진 것은 부정하기가 어렵다.

현재와 같은 다비문이 고려 말에 확립되었다는 것을 추측해볼 수 있는 단서로, 다비 등 장례의 세부적인 절차 등이 설해진 10세기 중엽에 응지가 찬한 『오삼연야신학비용』(『오삼집』)이 1462년 간경도감에서 간행된 사실에서 찾을 수 있다. 『오삼집』이 간행된 이유는, 당시 의문은 있으나 상례 절차에 대한 지식이 부족해서 상례를 바로 행할 수 없었기에 『오삼집』을 수입해서 간행하였을 것이다.

마치 1464년 세조가 수륙재를 바로 행하기 위해 『천지명양수륙잡문』을 수입해서 간행한 것과 같은 차원이라는 것이다. 당시 수륙의문은 있었으나, 소나 첩 등을 쓰는 법을 제대로 알지 못해 수륙잡문을 수입해서 간행하였던 사례가 그것이다.

16세기 여러 『제반문』에 실린 다비작법, 시다림작법은 의문만 실려 있을 뿐 의례의 법사들이 서는 방위나 절차, 발인이나 화장하는 방법 등에 대해서는 설명하지 않고 있다. 상례 절차에 관한 설명이 없다고 해서 장례를 지내지 않은 것은 아니겠지만 바른 방법에 대한 고민은 상존하였을 것이다. 그리하여 16세기에 불교 의례는 적지 않은 변화를 겪는다. 시식(죽은 영혼을 천도하기 위해 법식을 주면서 법문을 말해주고 경전을 독송하며 염불하는 따위의 의식) 위주에서 제사의 영반靈飯(부처나 죽은 사람의 영혼을 위해 바치는 잿밥)이나 집안 제사의 관음시식 등이 발전하면서 기존의 시식을 '전시식奠施食'이라고 이름을 바꿔 다는 모습을 볼 수 있다.

제사의 문제는 그 대상을 '일체만령'이라고 하던 불교 전통의 시식관에서 '특정' 조상신으로 그 대상을 국한시킨다는 점이다. 그렇게 본다면 상례에서도 대상에 대한 구체적인 행위 절차가 요청될 수밖에 없다. 특정의 대령을 위한 영반이 발전함에 따라 특정의 신원적 혼령을 위한 절차에 대한 문제는 17세기 초반 석문의 상의喪儀, 곧 가례家禮의 정리로 이어지게 된다. 그 과정에서 기존에 소통되어온 『오삼집』의 흉례에 대한 인식이나 오복도, 부고, 답서 등을 쓰는 법을 우리식으로 정리하게 된다. 그렇게 하여 다비 의문에서 우리식의 다비 의궤가 확립되었다고 볼 수 있다.

의문은 장례의 절차가 불교식이라고 해서 특별히 달라지지는 않는다. 다만 의문에서 특이한 것은 정좌正坐라고 할 수 있다. 이는 혼령을 바로 앉히는 것으로, 망자의 좌망입탈坐亡入脫과는 별개로 망자를 앉힘으로써 제불諸佛이 정각의 자리에 올랐음을 의미한다. 이때의 정좌는 근대 다비문에서 와탈臥脫이냐 좌탈坐脫이냐에 따라 정와와 정좌로 구분한 것과는 무관하다. 정좌하여 입감하는 것은 망자가 본사 주지 이상의 격을 가졌음을 의미하는 것이다. 근대 이전의 의문에서는 한결같이 '입감'이라고 하지 '입관'이라고 하지 않았다. 이를 통해 전통 다비문이 본사 주지 이상의 천화遷化 조목에 바탕하고 있음을 알 수 있다.

정좌와 영감은 현재 좌탈입망일 때만 하는 장례법이라고 할 수 있다. 그러나 국내 의문은 대중승의 다비작법 망승과 천화를 구분하고 있지 않으며, 근대에 와서는 속인의 장례까지도 전통 천화의 다비작법에 의하고 있다. 죽음이라는 대사 앞에 대소의 차이를 없애버리는 것은 한국불교 전통의 통일된 인식이라고 할 수 있다.

혼령을 모신 영감은 특정일이 지나면 다비를 위해 다비 장소로 옮기게 된다. 이때 망령을 위한 발원게송이나 십이불호의 칭명으로 혼령의 저승길을 닦아준다. 이 십이불호의 칭명 의식은 『오삼집』의 「위병인십념문」에 의거하고 있다. 현대적 개념으로 보면 임종하기 전의 병인을 위한 수계의식이나 칭명 염불을 통해 극락의 길을 닦아주는 것이다. 이것이 임종 염불을 발인 염불로 승화하고 있음을 알 수 있다. 발인 전에 오방불이 등장하는데, 이는 망령이 어느 불 세계로 나아갈 것인지 그 불 세계의 붓다님들이 망령을 맞으러 오는 모습이라고 할 수 있다.

목마를 타고 영감은 다비소로 향한다. 이때 나아가는 길을 인도하는 불은 다름 아닌 원불願佛이다. 연에 모신 원불이 앞장서게 되는데 지금은 이 같은 모습을 보기 어렵다. 떠남의 장례 행렬에서는 대체로 만장輓章이 중심 장엄이라고 할 수 있다. 속인도 도인도 만장의 개수가 생전 활동과 법력을 상징한다고 할 수 있다.

다비장에 이르면 산신제를 지내고, 미타단彌陀壇을 모시고 공양을 올린다. 산신제는 산역자들이 주로 올리고, 미타단권공은 어산법사들이 주로 행한다. 다비의 핵심은 어떤 방식으로 다비단을 쌓는가이다. 실제 다비를 하는 법은 의문에 따라 횃불을 들고, 횃불을 넣으며, 그곳에 최고의 언어로 깨침을 설파하는 데 있다. 불교 수행의 목적이 해탈 열반을 이루는 것이고, 그것은 어느 한순간도 게을리할 수 없음을 다비문은 보여주고 있다.

촌철살인이라고 했든가. 불가의 깨침은 한 행위도 그냥 넘어가지 않는다. 횃불을 들고, 횃불을 넣으며, 삼매의 등불로 깨침을 일깨운다. 그리고 화장하는 동안에도 불자들은 『행원품』, 『법화경』, 『금강경』을 독송하거나 아미타불 염불을 하며 영감의 왕생극락을 기원한다. 그것은 사실 다비를 행하는 자신들의 공덕을 쌓는 신행이기도 하다. 19세기 정행 편 『다비작법』에는 다비를 잘 모시면 대재大齋를 모실 필요가 없다는 설명을 하고 있다.

전통 의례에서는 다비를 하는 동안 절로 돌아와 망자의 유산을 경매하여 그 비용으로 칠재七齋 같은 재회齋會를 치렀다. 하지만 후대로 올수록 망자의 것에 대한 인식의 변화로 말미암아 창의唱衣라는 오랜 전통 의식은 사라져버렸다.

다비 방식에 따라 네댓 시간 혹은 열두 시간에 걸쳐 다비장의 불길은 계속된다. 불길이 잦아들면 시신을 불태워 남은 유골을 수습한다. 그러면 유골을 옮기고 빻는다. 그리고 그것을 오방으로 흩음으로써 혼령은 자연으로 귀환하게 된다. 귀환한 그 자리가 바로 연화대라는 것을 환귀본토진언과 게송으로 의문은 설하고 있다. 그곳에서 앉거나 눕거나 자유자재한 법신의 자리로 귀환하게 함으로써 한국불교의 다비는 완성된다.

목숨이 다한 이의 몸을 정화하고 화장하여 자연으로 귀환하는 다비의 전 과정을 깨침의 언어(소참小參)로 장엄하고 있는 불교의 다비 의문은 깨침의 미학, 그 절정이다.

4장

다비의 현실태와 개선 방향

황근식

동국대학교 교수

\\\
///
\\\

1. 들어가는 말

한국불교에서는 전통적으로 승려가 입적入寂⁰¹을 하면 다비茶毘⁰²하는 풍습과 문화가 있다. 이때 다비는 두 가지 함축적인 의미를 지닌다. 먼저 협의의 의미로는 나무나 짚 등을 사용하여 법구法柩, 즉 시신을 화장하는 것을 의미한다. 광의의 의미로는 임종 의례부터 빈소 장엄, 입감入龕, 기감起龕, 이운移運, 화장火葬, 습골拾骨, 쇄골碎骨,

---

01   승려의 죽음을 일컫는 다른 말로는 열반(涅槃), 원적(圓寂), 입멸(入滅), 적멸(寂滅), 멸도(滅度), 입정(入定), 귀원(歸元), 천화(遷化), 귀진(歸眞), 귀본(歸本), 귀적(歸寂) 등이 있다.

02   팔리어 jhāpeti의 음역으로 시신을 불태우는 것을 뜻하며 소신(燒燼), 분소(焚燒) 등으로도 표기한다.

법문法門, 염불 등 장례 기간에 행해지는 장례 절차와 의례 전체를 의미한다.

다비와 관련된 기록에는 『삼국유사』 권4 「자장정률慈藏定律」 조에서 자장 스님을 화장하여 골회骨灰를 석혈石穴에 모셨다는 내용이 있고, 또 『삼국유사』 권2 「문호왕 법민文虎王 法敏」 조에서 문무왕을 고문庫門에서 화장하여 동해 대왕암大王巖에 장골藏骨했다는 내용이 있다. 이후 사리탑이나 부도탑을 건립하고 화장한 스님의 유골을 보관했을 것으로 짐작해볼 수 있다. 이처럼 다비는 삼국시대[03]에 불교 문화가 유입되면서 자연스럽게 도입된, 1500년 이상의 역사와 전통을 지닌 한국화된 화장 문화라 할 수 있다.

이 장에서는 협의의 의미로서 다비를 다루고자 한다. 다비는 각 사찰이 처한 상황과 주변 환경, 지역적 특성, 연화대 유무, 다비단 설치 방식, 재료 획득의 용이성, 화장 소요 시간, 습골 및 쇄골 등에 따라 방식에 차이가 있을 수밖에 없다. 문제는 다비가 일 년 혹은 몇 년에 한두 차례꼴로 행해지기 때문에 다비단 설치 방식의 전승 및 습득에 어려움이 많다는 점이다. 더구나 전승하는 스님의 고령화와 더불어 다비단의 제작 방식이 구전과 현장 체득을 통해서 전승되어왔기에 다비단 설치 도면이나 규격, 사진 등에 대한 자세한

---

03   고구려는 372년 중국 진(晉)에서 순도(順道)를 파견하여 불교와 불상을 전했으며, 374년에 진나라 승려 아두(阿頭)가 들어왔다. 백제는 384년에 인도 승려 마라난타(摩羅難陀)가 불교를 전했다. 신라는 눌지왕 때 아도(阿道)가 불교를 전했으나, 불교가 승인된 것은 528년 이차돈의 순교 이후이다.

기록이 거의 남아 있지 않다는 한계점도 따른다.

따라서 이 장에서는 다음의 다섯 가지를 살펴보고자 한다. 첫째, 원형을 유지한 채 현재까지 전승되고 있는 다비 방식에는 무엇이 있는지, 또 다비의 재료는 무엇이고 어떤 특징이 있는지 살펴볼 것이다. 둘째, 다비 의례의 구조는 어떠하며 어떠한 과정을 거치게 되는지, 셋째는 비싼 비용과 시간, 많은 인원과 노력을 투입하면서까지 왜 다비를 설행하고 다비가 보존되고 전승되어야 하는지 다비의 기능과 역할에 대해 살펴볼 것이다. 넷째, 현재 다비가 어떻게 설행되고 있는지 현실태를 살펴보고, 다섯째는 현재 행해지고 있는 다비의 문제점과 개선 방향에 대해 살펴볼 것이다.

2. 전승되는 다비 방식

1) 다비의 전승 양상[04]

다비는 보통 각 교구본사 및 말사에서 소임을 맡은 스님에게 전승된다. 하지만 봉선사는 특이하게도 사찰 관련 일을 맡은 재가자가 담당하고 있다. 또 해인사는 따로 전승되지 않고, 1962년 도

---

04   조계종 총무원 문화부, 『2013년 다비 현황 조사보고서』, 조계종출판사, 2013 ; 강승규, 『다비식』, 해드림출판사, 2022.

성 스님이 노스님의 다비 소임을 맡았을 때, 기존에 해오던 방식을 종성 스님이 보완하여 창안하였다. 선암사의 경우에도 지허 스님이 따로 전승받은 것 없이 절에 살면서 다른 스님의 다비단을 제작할 때 도우면서 자연스럽게 알게 된 방식으로 다비를 설행하고 있다.

의식집의 경우 조계종은 대부분 『석문의범』(1935)을 기본으로 삼으며, 선암사의 지허 스님의 경우만 선대로부터 내려오는 필사본 『작법귀감』을 기본으로 다비를 진행하고 있다. 하지만 다비단을 제작하는 방식은 각 사찰마다 다른 모습으로 구전되는 양상을 보인다. 또 각 사찰은 전수자가 없다는 공통점이 있는데, 요약하면 〈표1〉과 같다.

	종단	위치	사찰명	전승 양상	전수자
1	조계종	부산광역시	범어사	고암 스님→ 석담 스님→ 청봉 스님→ 석공 스님	없음
2	조계종	경기 남양주시	봉선사	밀운 스님→ 현호 거사	없음
3	조계종	전남 장성군	백양사	만암 스님→ 수산 스님→ 만당 스님	없음
4	태고종	전남 순천시	선암사	지허 스님	없음
5	조계종	충남 예산군	수덕사	벽초 스님→ 지운 스님→ 도준 스님	없음
6	조계종	경남 합천군	해인사	종성 스님	없음

〈표1〉 다비의 전승 양상

2) 사찰별 다비의 특징 및 재료

부산 범어사에는 지장암 뒤편에 돌담으로 만든 상설 다비장이 있는데, 1974년 모습 그대로 현재까지 다비장이 유지되고 있다. 이곳에서 1999년 3월 3일 광덕 스님의 다비가 행해졌다. 먼저 돌담 높이만큼 숯(2톤, 약 40cm)을 깔고 그 위에 관棺을 놓는다. 숯 위와 관 주위에 새끼타래를 놓고 생솔가지로 덮어서 마무리한다. 하화下火는 앞쪽에 바람구멍이 있는 한쪽에서만 한다.

남양주시 봉선사 다비는 공터에 새끼타래를 쌓고, 그 위에 가관假棺을 놓는다. 가관 주변에는 새끼타래를 놓고 둘레는 잣나무를 세워 불꽃이 내부에서 잘 탈 수 있도록 굴뚝 역할을 하게끔 만든다. 현재와 같은 새끼타래 방식의 다비는 밀운 스님 이후에 행해지고 있다고 한다.

장성군 백양사 다비는 땅을 열십자로 파고 중앙과 동서남북 다섯 군데에 항아리에 물을 3분의 2 정도 채우고 땅에 묻는다. 항아리에는 한지와 항아리 뚜껑을 덮고 그 위에 기와와 흙을 덮어 평평한 돌을 놓는다. 그러고 나서 다비단을 설치하는데, 화장 후에는 항아리의 물을 체로 걸러서 사리를 수습한다.

순천시 선암사 다비는 조계산 주변의 소나무와 항아리 등을 이용하여 다비단을 제작한다. 오방수 항아리를 사용하는 것은 백양사와 유사하나 항아리 뚜껑을 사용하지 않고 기와 3장을 포개어놓는 것에서 차이가 있다. 또 다비단 앞에서 바라춤을 추면서 스님의 극락왕생을 기원하는 예불 의식을 행하는 특징이 있다.

　예산군 수덕사 다비는 동서로 길게 고랑을 파고, 그 안쪽에 내화벽돌[05]을 쌓은 온돌방의 고래 방식을 적용한 방법을 취한다. 다비장 주변에는 쇄골碎骨 바위가 있어서 화장 후에 수습한 유골을 넣고 가루를 만들 때 사용한다. 먼저 통 소나무를 고랑에 가로질러서 수평을 잡고 틈을 메운다. 법구가 도착하면 관 뚜껑을 개봉하고 관 주위에 장작을 쌓는다. 가관을 사용하지 않으나, 상황에 따라 사용하기도 한다.[06] 또 둘레에는 나무를 길게 세우고 그 틈 사이를 마른 솔가지와 젖은 솔가지로 덮는다. 화장 후에는 종이 고깔에 긴 대나무 젓가락으로 유골을 수습한다.

　합천군 해인사 다비는 평평한 지형에 철재 사각 틀 구조물[07]을 설치하고, 그 아래 공간에 숯을 세 상자 놓고 석유를 뿌린다. 철 구조물 위에는 가관을 설치하는데 가관의 안쪽 둘레는 높이 130cm 정도, 바깥쪽 둘레는 높이 150cm 나무를 세워서 설치하고, 철사를 위아래 두 줄로 고정한다. 또 가관 위에는 숯을 쌓고 나무토막을 쌓는다. 과거에는 새끼줄 다비를 세 차례 진행했는데 지금은 장작 다비를 더 선호한다고 한다. 새끼줄 다비는 짚에서 나온 진액으로 습

05　예전에는 돌을 쌓았다고 하고, 다비장도 현재의 위치가 아니라고 한다.

06　강승규, 『다비식』, 해드림출판사, 2022, p.201. 현찬 스님, 범능 스님 때 가관(假棺)을 설치 사용.

07　처음 사용한 것은 1988년 고암 스님 다비 때이다. 원래 해인사 다비는 구덩이를 파고 통나무 2개에 법구를 올려놓고 그 위에 나무를 쌓았다. 공기가 잘 통하지 않아 평지에서 행해졌다고 한다.

골할 때 어려움이 있기 때문이다.

이상 내용을 요약하면 〈표2〉와 같다.

	사찰명	특징	재료	화장 시간
1	범어사	· 돌담으로 된 상설 다비장 · 가관 없음	· 숯 2톤, 새끼타래, 생 솔가지 · 석유, 등유 사용	약 12시간
2	봉선사	· 공터에서 짚을 사용 · 가관 사용	· 새끼타래, 잣나무 · 등유 사용	4~7시간

3	백양사	· 땅을 열십자로 파고, 중앙과
		  동서남북에 5개 항아리를
		  묻음
		· 가관 사용
			· 주변 나무, 숯 사용
			· 항아리 5개 묻음
			· 석유, 등유 사용
				약 24시간

4	선암사	· 중앙과 동서남북에 5개 항
		  아리를 사용하나 뚜껑은
		  없음
		· 가관 사용
			· 주변 소나무
			· 항아리 5개 묻음
			· 등유 사용
				약 20시간
				(습골은
				3일 후)

5	수덕사	· 동서로 길게 고랑을 파내고 온돌 고래 방식을 적용 · 가관 없음	· 주변 소나무, 솔가지 · 석유 사용	약 4시간
6	해인사	· 평지에서 설행 · 가관 사용	· 참나무, 숯 50상자 · 석유, 경유 사용	20~40시간

〈표2〉 다비의 특징 및 재료

위 여섯 사찰에서 전승되는 다비 방식을 정리하면 다음과 같다. 첫째, 다비의 재료는 사찰 주변에서 쉽게 구할 수 있는 참나무, 소나무, 짚 등을 사용한다. 둘째, 다비단 둘레에는 나무를 세워 속에서 불이 잘 탈 수 있도록 하는데, 이는 연기가 잘 배출될 수 있게끔 굴뚝 역할을 해준다. 셋째, 다비단 설치 이후 틈새 공간에는 솔가

지, 솔잎, 멍석, 가마니, 짚 등으로 잘 메워준다. 또 물을 뿌려주어
불길이 바깥으로 새어 나오지 않고 속에서 잘 탈 수 있도록 한다.
네 번째, 불쏘시개는 숯, 석유, 경유, 등유 등을 사용한다.

3) 기타 다비 방법

'2013년 다비 현황 조사보고서'에는 포함되어 있지 않지만 참고
할 만한 다비 방식이 더 있다. 합천 해인사의 새끼타래 방식, 김천
직지사의 참나무를 이용하는 방식, 고창 선운사의 사각 짚단을 이
용하는 방식 등 알려지지 않은 방식이 더 있는 것으로 보인다.

한편, '2013년 다비 현황 조사보고서'는 전국 사찰을 대상으로
전수 조사하지 못한 한계점이 분명히 있다. 따라서 제대로 확인하
지 못한 다비 방식을 발굴하고 연구할 필요가 있다.

이상 지금까지 전승되고 있는 여섯 가지 다비 방식을 살펴보았
다. 이 가운데 특히 주목할 만한 방식은 부산 범어사의 다비로, 두
가지 측면에서 그 가치와 의미가 크다고 할 수 있다.

첫째, 우리나라 고유의 온돌 문화[08]의 영향을 받아 온돌 방식 원

---

08   위키백과(2018년 4월 30일), 대한민국의 국가무형문화재 제135호로 지정되었다. 아
      궁이에 불을 피우고 그 열과 연기가 구들장 밑을 지나서 굴뚝으로 빠져나가는 구조이
      다. 열의 전도, 복사와 대류를 이용한 장치. 구석기, 신석기시대에도 온돌을 사용한 흔
      적이 발견되었다고 한다.

리를 다비에 적용하고 있다는 점이다. 여기에 구들장을 얹고 굴뚝을 만들면 바로 온돌방으로 사용할 수 있다.

둘째, 짚(새끼타래, 짚단 등)을 다비의 재료로 사용하고 있다는 점이다. 우리나라는 오래전부터 벼농사[09]를 짓는 농경문화로, 우리 주변에서 쉽게 짚을 구할 수 있었다. 물론 산업화 이전 과거에는 짚의 용도가 초가지붕 교체, 새끼줄, 소먹이, 난방 연료 등으로 단순하였지만 현재는 기업적인 소 사육 사료, 건축 자재 등 다양한 용도로 사용되어 오히려 짚을 구하기 어려운 실정이다.

이 두 가지 측면에서 범어사 방식의 다비는 오직 우리나라에서만 볼 수 있는 무형문화의 가치를 가지고 있고, 그 의미 또한 매우 크다고 할 수 있다.

3. 다비 의례의 구조와 기능

1) 다비 의례의 구조

다비 의례는 분리separation, 변이trantion, 통합incorportion의 3단계

---

09   『한국민족문화대백과사전』, 우리나라 벼농사에 관한 최초의 기록은 『삼국지』「위지(魏志)」변진조(弁辰條)에 "변진국들은 오곡과 벼 재배에 알맞다(宜種五穀及稻)"라고 기록되어 있다.

과정을 거친다.[10] 1단계는 낡은 지위의 의례적 '죽음', 2단계는 낡은 지위와 새로운 지위 사이에서 정체성이 변화하고 있는 '준비기' 혹은 '잠복기', 3단계는 집단의 승인과 인정을 동반한 새로운 지위로 재통합하는 단계이다.

예를 들어 어떤 스님이 입적하게 되면 1단계에서 스님은 삶으로부터 분리되고 별도의 공간에 안치된다. 또 부고, 전화, 문자, 각종 매스컴 등을 통해서 사회에 죽음을 알리게 된다. 2단계에서는 염습 및 입감을 통해 처음으로 죽음을 확인하고 인정하게 된다. 또 다비를 통하여 다시 한 번 스님의 죽음을 확인하고, 입적하신 스님은 변이變移하게 된다. 3단계에서는 49재, 천도재 등을 통해 입적하신 스님이 극락세계로 통합하게 된다. 동시에 스님, 재가자, 참석자는 일상의 삶으로 통합된다.

이때 장례를 치르는 공간(장례식장, 사찰 등)과 시간은 삶에서 죽음으로 변해가는 전이轉移의 공간과 시간의 의미를 갖게 된다. 즉 살아 있는 것도 아니고 죽은 것도 아닌 중유中有[11]의 세계이며, 속俗의 세계에서 성聖의 세계로 변화하는 공간과 시간이 되는 것이다.

다비 의례의 특징은 행위로 무엇인가를 표현하고 드러낼 뿐만 아니라 어떠한 행위를 유발하기도 한다.[12] 다비 의례는 어떤 행동

---

10   A. 반 게넵, 『통과의례』, 전경수 옮김, 을유문화사, 2000, p.41.

11   불교에서 중생이 나서 죽고 다시 태어날 때까지의 기간을 넷으로 나눈 것. 生有, 本有, 死有, 中有가 있다.

12   윌리엄 페이든, 『종교의 세계』, 이진구 옮김, 우리세계, 2003, P.136.

또는 행위이기 때문에 드러내기displaying의 한 형식에 해당된다. 다비 의례에서 의사意思를 드러내고 표시하는 방법은 다음과 같다. 촛불 켜기, 향 피우기, 빈소 장엄, 합장하기, 절하기, 무릎 꿇기, 엎드리기, 염불하기, 제물 바치기, 음식 나누기, 만장 쓰기, 상여 및 연화대 장엄 등으로 정화淨化의 관념을 행동화한 것이라 볼 수 있다.[13] 이러한 유형의 행위들은 다비 의례의 목적을 표현하기 위한 매개가 된다.

2) 다비의 기능

다비가 우리에게 어떠한 영향을 미치고 또 어떠한 기능을 하는지 10가지 측면에서 살펴보면 다음과 같다. 첫 번째, 다비는 입적하신 스님의 마지막 수행인 동시에 법문이라 할 수 있다. 무명으로부터 생겨난 탐貪·진瞋·치癡 삼독三毒을 마지막 수행인 화장을 통해서 삼업三業의 집착을 끊고 완전한 해탈을 할 수 있게 해준다.

두 번째, 다비는 스님과 재가자, 일반인 등을 한자리에 모이게 하고 단합하게 만든다. 다비는 한두 사람의 힘으로 행하기 어렵고, 많은 사람이 동참하여 힘을 모아야 가능하다. 그래서 다비를 준비하고 진행하는 과정에서 화합하고 단합하는 계기가 마련될 수 있다.

---

13   이범수, 「사십구재와 우란분재에서의 유족심리 치유에 관한 연구」(2009), 동국대박사논문, P.78.

세 번째는 죽음의 간접 경험을 통해 생명의 소중함을 이해하고 인식하는 계기가 된다는 것이다. 즉 다비는 공개된 장소에서 행해지기 때문에 참석자는 법구法柩[14]가 불타는 것을 볼 수 있다. 이렇게 죽음을 간접 경험할 수 있기에 생명의 소중함을 이해하고 인식할 수 있으며, 죽음에 대한 교육이 함께 이루어질 수 있다.

네 번째는 심리 및 정서적인 측면에서 참석자의 감정을 정화시켜주고 감동을 준다는 것이다. 다비의식을 통해서 울고, 소리치고, 노래하고, 기도하고, 염불하고, 절하면서 쌓인 스트레스를 해소해주고 감정을 정화시켜준다. 또 다비가 진행되는 동안 참석자에게 감동을 주고, 삶에 긍정적인 변화를 가져올 수 있게 해준다.

다섯 번째, 육바라밀 가운데 첫 번째인 보시布施[15] 문화를 체험하고 학습할 수 있다. 스님은 생전에는 부처님의 법문을 배우고 깨달음을 위해 수행 정진하고, 죽음을 맞이해서는 마지막 남은 육신마저 화장(소신공양)하여 부처님께 보시한다. 이때 사찰의 신도는 입적하신 스님을 위해 쌀, 향, 초, 금전, 만장 작성 등 다양한 방법으로 보시함으로써 스님의 장례를 지원한다. 또 스님은 신도들이 온갖 번뇌와 망상에서 벗어나 행복하고 지혜로운 삶을 살 수 있도록 법문으로 보시하게 된다.

14 　스님의 시신이 담긴 관(棺)을 말한다.

15 　보시에는 재시(財施), 법시(法施), 무외시(無畏施) 등이 있다. 보시하는 이, 보시받는 이, 보시하는 물건이라고 하는 삼륜상(三輪相)이 없어야 한다.

보통 다비 의례에서는 제물과 음식을 준비하게 마련이고, 이때 준비한 음식은 참석한 사람에게 골고루 나누어 공양할 수 있도록 해주었다. 특히 산업화 이전 과거에는 대부분 사람이 먹고살기가 어려워 기아와 굶주림으로 죽어가는 사람이 많아 다비 의례에서 나눠준 음식이 많은 이들의 배고픔과 허기를 달래주고 삶의 힘이 돼주었을 것이다. 이러한 보시 문화는 자리이타自利利他의 마음을 배양할 수 있다.

여섯 번째, 다비는 각종 장엄과 조형물, 음악, 미술, 무용, 사찰 건물, 복식 등 여러 상징물을 설치함으로써 세속적인 공간과 시간을 성스러운 공간과 시간으로 만들어준다. 또한 이런 환경에서 다비를 진행하기 때문에 잡귀나 나쁜 기운의 접근을 막고 부정 타지 않도록 해준다. 그리하여 참석자는 죽음의 공포와 두려움으로부터 극복할 수 있게 되는 것이다.

일곱 번째, 다비는 공동체 구성원이 입적한 스님의 죽음을 확인하고 승인해주는 것이기도 하다. 즉 스님의 죽음을 확인하고, 죽음을 받아들일 수 있게 도와주는 동시에 스님이 입적한 사실을 외부에 알릴 수 있게 해준다.

여덟 번째, 불자는 물론 일반인에게도 볼거리와 즐길 거리를 제공한다. 다비는 불교식 장엄, 사찰의 조형물, 범패梵唄, 만가挽歌, 만장, 사찰 음식, 승무, 염불, 북소리, 종소리 등 다양한 내용을 가진 종합예술로, 인간의 오감과 정서에 영향을 준다. 내국인은 물론이고 외국 관광객들에게도 큰 감동과 깨달음을 제공하기에 특별한 관광자원이 되기에도 손색이 없다. 이미 영산재靈山齋는 1973년 국가무형문화재 제50호로 지정되었고, 2009년에는 유네스코 세계 무형문화유산으로 등재된 바 있다. 이러한 사실에 비춰봤을 때 지금이라도 다비를 문화재로 지정하고 유네스코 세계 문화유산으로 등재하는 노력이 시급하다 할 것이다.

아홉 번째, 다비는 입적한 스님을 추모하는 공간이자 시간으로, 스님과 함께한 시간을 회상하고, 스님과의 인연을 기억하는 자리가 된다. 또 입적한 스님이 다비를 통해 완전한 열반에 이르고 극락왕생하시기를 간절히 기원하는 자리가 된다.

열 번째, 사회문화적인 측면에서 점차 일반인의 화장률이 높아지고는 있으나, 화장장이 부족한 탓에 어쩔 수 없이 4일장 혹은 5일장을 하는 경우가 종종 발생하고 있다. 현재 장사 등에 관한 법률 시행령[16] 제6조 제1항에 따르면, 사찰 경내에서 다비의식으로 화장하는 경우 대통령령(개정 2015. 7. 20.)으로 허가하고 있다. 즉 사찰에서는 스님뿐만 아니라 재가자도 종교적으로 다비를 행하는 경우 법적으로 보장받을 수 있는 것이다. 따라서 전국 사찰에서 재가자

---

16 [시행 2023. 5. 2.] [대통령령 제32977호, 2022. 11. 1, 타법개정] 제6조(화장 시설 외의 시설 등에서의 화장) 법 제7조 제2항 단서에서 "대통령으로 정하는 경우"란 다음 각 호의 어느 하나에 해당하는 경우를 말한다. 〈개정 2015. 7. 20.〉

1. 사찰 경내에서 다비의식으로 화장을 하는 경우

2. 화장 시설이 설치되지 아니한 도서지역(島嶼地域)에서 제5조 제1호에 따른 시신을 화장하는 경우

의 다비를 적극적으로 홍보하고 설행한다면, 부족한 화장장 문제를 어느 정도 해결하고 보완할 수 있을 것으로 보인다.

4. 다비의 현실태와 개선 방향

1) 다비의 현실태

가. 다비 횟수

2000년 1월부터 2023년 7월까지 23년간 이루어진 다비는 총 292회[17]이다. 다비 횟수를 분석해보면 최근 5년간 다비 횟수가 과거에 비해 점차 증가하고 있는 것으로 보인다. 여기서 주목할 점은 사찰에서 행한 다비 횟수보다 불교 장례업체 '연화회'가 행한 다비 횟수가 차지하는 비중이 점차 증가하고 있다는 사실이다. 23년간 행한 다비 횟수를 연도별, 월별로 살펴보면 〈표3〉, 〈표4〉와 같다.

※ ( )는 연화회 다비 설행 횟수(2023년 7월까지)

구분	계	2000	2001	2002	2003	2004	2005	2006	2007
횟수	99	14	6	9	19	7	13	9	6

---

17 2000년 1월부터 2023년 7월까지 불교신문, 법보신문, 현대불교, 주간불교 등에 실린 다비 관련 기사와 '연화회'가 직접 행한 다비 건수를 합산해 분석한 것이다.

구분	계	2008	2009	2010	2011	2012	2013	2014	2015
횟수	128	11	5	13	8	8	12	13(6)	12(7)
구분	계	2016	2017	2018	2019	2020	2021	2022	2023
횟수	65	9(7)	16(15)	17(13)	20(16)	17(14)	11(9)	21(17)	16(15)
구분	계	2024	2025	2026	2027	2028	2029		
횟수	–	–	–	–	–	–	–		

〈표3〉 연도별 다비 현황

구분	1월	2월	3월	4월	5월	6월	7월	8월	9월	10월	11월	12월
횟수	26	14	26	19	29	29	21	23	19	27	27	32

〈표4〉 월별 다비 현황

월별로 설행된 다비 횟수는 비교적 골고루 분포되어 있으나, 12월에 다비 횟수가 특히 많았다. 또 늦은 봄(5월, 6월)과 가을(10월, 11월)에 다비 횟수가 증가하고 있다는 사실을 알 수 있다. 이런 현상은 봄, 가을 같은 환절기와 겨울철에 특히 사망자 수가 많아지는 일반적인 사례와도 연관이 있다고 예측해볼 수 있다.

나. 다비 장소

그동안 다비는 총 110곳 사찰에서 292회가 진행되었는데, 이 가운데 가장 많이 다비가 행해진 사찰은 통도사 27회, 해인사 18회, 법주사 18회, 수덕사 17회, 범어사 12회, 봉선사 10회, 화엄사 9회, 송광사 8회, 동화사 7회, 백양사 7회, 직지사 7회 순이다.

이 11개 사찰에서 다비가 많이 이루어진 데는 다양한 이유가 있겠지만, 타 사찰에 비해 상대적으로 다비에 관심이 높기 때문일 것이다. 또 이들 사찰이 다비 절차와 의례의 중요성도 인식하고 있다고 볼 수 있다.

다. 종단별

다비 횟수를 종단별로 살펴봤을 때 조계종이 243회로 절대다수를 차지하고 있으며, 그다음으로 태고종이 14회로 많았다. 현재까지 총 18개 종단[18]에서 다비를 설행했다.

라. 스님 구분

다비 292회 가운데 비구는 240명, 비구니 45명, 재가자 6명, 네팔인 1명으로, 비구에 비해 비구니가 상대적으로 다비 횟수가 적었다. 이는 비구니 스님이 처한 생활환경 및 재정적 여건이 더 어렵다고 볼 수 있다. 한편, 재가자 6명이 사찰에서 다비로 장례를 치른 점이 특이한데, 이를 통해 신심이 깊은 재가자도 다비에 관심이 상당하다는 것을 알 수 있다.

일반인의 경우 화장률이 증가함에 따라 현재는 전국적으로 화

---

18   관음선종(1), 관음종(3), 미륵종(1), 법륜종(2), 법화종(3), 보문종(1), 본원종(1), 삼론종(1), 선각종(1), 선학원(3), 여래종(2), 영산법화종(2), 원효종(1), 일붕선교종(3), 정중종(1), 조계종(243), 태고종(14) 등이다.

장장이 부족한 실정이다. 그 때문에 장례 현장에서는 4일장, 5일장을 하는 경우도 종종 발생한다고 한다. 따라서 전국에 있는 사찰에서 재가자, 일반인의 다비를 적극적으로 설행한다면 부족한 화장장의 문제를 어느 정도 보완할 수 있을 것이다.

마. 다비 설행

현재 다비는 사찰별로 전승되는 방식으로 행하기도 하고, 또 상황에 따라서 연화대가 아닌 기존에 설치된 장소에서 변형된 방식으로 행하기도 한다. 문제는 사찰별로 다비를 전승하는 스님이 몇분 남아 있지 않다는 점이다. 그나마 전승하는 스님들마저 고령화로 다비 전승에 어려움이 따르고, 또 다비 전수자가 있다 하더라도 일 년 혹은 몇 년에 한두 번 불규칙적으로 행해지기 때문에 전승에 어려움이 많은 실정이다.

여기서 주목할 점은 최근 5년간 불교 장례업체 '연화회'에서 행하는 다비가 점차 증가하고 있다는 사실이다. 연화회가 다비하는 방식은 다음과 같다. 먼저 바닥을 평탄하게 한 후에 양철판을 깔고 그 위에 20cm 높이의 철 구조물을 놓는다. 거기에 참나무를 쌓고 가관假棺을 설치한다. 둘레는 참나무를 세워서 굴뚝 역할을 할 수 있도록 한다. 기존 다비 방식과 다른 점은 철 구조물 밑으로 바람이 공급되는 관管을 3개 설치하고 전기와 송풍기를 사용하여 바람을 인위적으로 불어 넣어 나무가 빨리 타도록 하는 것이다. 이렇게 하면 2시간 내외로 다비가 마무리되어 화장 시간이 단축된다.

이렇게 연화회는 스님 입적 시부터 다비까지 장례 서비스를 제공하는 동시에 과거보다 저렴한 비용으로 짧은 시간에 다비하는 장점이 있다. 그러나 다른 측면에서 살펴보면 다비를 인위적으로 빨리 끝내는 방식은 첫째, 미관상 보기에 좋지 않고 재가자의 신심을 불러일으키기 어려울 수 있다. 둘째, 스님에게 '다비 시간을 단축하는 것이 좋고, 빨리 끝내는 것이 편리하다'라는 편향된 인식을 심어줄 수 있다. 셋째, 다비 의례와 기능적 측면에서 맞지 않는다. 자칫 법구가 빨리 타도록 부추기는 모양새가 될 수 있고, 오해의 소지가 생길 수 있다.

화장 시간 단축과 편리성만 쫓다 보면 5년 혹은 10년 뒤에는 '화장장에서 10만 원대로, 1시간 30분 정도면 충분히 화장이 가능한데 왜 굳이 수천만 원의 비용과 시간, 인원, 노력을 투입하면서 다비를 해야 하는가?'라는 생각을 누구나 갖게 될지도 모른다. 즉 화장 비용도 저렴하고 화장 소요 시간도 짧은 화장장[19]을 더 선호하는 현상이 발생할 수도 있는 것이다. 이런 이유라면 결과만 놓고 볼 때 불교 장례업체의 다비 방식이 유·무형적으로 가치가 있는 전통 다비 방식의 계승과 발전을 가로막고 있다고 볼 수도 있다. 따라서 다비 방식을 개선하고 보완하는 것은 물론, 스님과 재가자를 구분하여 다비하는 방안도 연구가 필요해 보인다.

---

19   전국에는 62개의 화장장이 있다. 화장장 비용은 수도권의 경우 관내 12만 원, 관외 100만 원 선이다. 지방 화장장의 경우는 화장 비용이 훨씬 저렴하다.

바. 다비의 법적 근거

다비는 장사 등에 관한 법률 시행령[20] 제6조(화장 시설 외의 시설 등에서의 화장) 제1항 사찰 경내에서 다비의식으로 화장하는 경우를 대통령령(개정 2015. 7. 20.)으로 허가하고 있다. 또 다비 전에 장사 등에 관한 법률 시행규칙[21] 제2조(매장 등의 신고) 제2항, 4항, 6항에 의거해 사망진단서(시체검안서)를 휴대하여 시·도지사 또는 시장·군수·구청장에게 화장을 신고해야 하며, 별지 제1호 서식의 화장 증명서를 발급받을 수 있다.

장사 등에 관한 법률 시행령 제6조 제1항을 보면 화장 장소를 '사찰 경내'로 한정했지만, 대상에 대한 별도의 제한 사항은 없다. 따라서 스님뿐만 아니라 재가자, 일반인도 사찰 경내에서 다비를 할 수 있는 법적 근거가 되는 셈이다. 그러자면 먼저 해당 사찰 명의의 협조 공문을 소방서에 발송하여 소방차와 구급차를 지원받아야 한다. 이는 사찰 주변이 산림이 우거진 국가 문화재, 자연보호구

---

20 [시행 2023. 5. 2.] [대통령령 제32977호, 2022. 11. 1, 타법개정] 제6조(화장 시설 외의 시설 등에서의 화장) 법 제7조 제2항 단서에서 "대통령령으로 정하는 경우"란 다음 각 호의 어느 하나에 해당하는 경우를 말한다. 〈개정 2015. 7. 20.〉
1. 사찰 경내에서 다비의식으로 화장을 하는 경우
2. 화장 시설이 설치되지 아니한 도서지역(島嶼地域)에서 제5조 제1호에 따른 시신을 화장하는 경우

21 [시행 2022. 12. 30.] [보건복지부령 제932호, 2022. 12. 30, 타법개정] 제2조(매장 등의 신고) ⑥ 제1항부터 제4항까지의 규정에 따른 매장·화장 또는 개장의 신고를 받은 시·도지사 또는 시장·군수·구청장은 각각 별지 제1호 서식부터 별지 제3호 서식까지에 따른 신고 증명서를 발급하여야 한다. 〈개정 2015. 7. 20.〉

역, 국립(도립)공원 등으로 지정된 경우가 대부분이라 산불 예방이
나 응급상황에 대처하기 위한 최소한의 조치이다. 그러나 사전에
소방서와 협조가 제대로 이루어지지 못해 소방차, 구급차가 지원
되지 않는 사례도 있었다.

이상으로 다비의 현실태에 대해서 살펴보았다. 20년 넘게 불교
장례 현장에서 만나 뵌 스님들은 대부분 여법하게 다비를 꿈꾸고
소망한다. 그러나 여러 가지 현실적인 이유로 어쩔 수 없이 일반 화
장장을 이용하는 사례가 점차 증가하고 있다. 이는 사찰 재정의 어
려움으로 인한 다비 비용 부담, 복잡한 다비 절차, 장례식장의 편의
성 제공, 많은 사람의 참여와 노동력 등이 투입되어야 한다는 심적
부담감 등의 이유 때문으로 보인다.

2) 다비의 개선 방향

가. 다비의 기준 수립

전통 다비의 맥과 정신을 계승하고 발전시키기 위해서는 무엇
이 전통 다비이고, 어떻게 하는 것이 전통적인지 그 기준을 먼저 수
립해야 한다. 그러자면 몇 가지 과제가 해결되어야 한다.

첫 번째, 사찰별로 다비 방식을 발굴하되 연화대의 원형과 다비
단 제작 방식을 기록하고 관리해야 한다. 또 다비 전승 스님의 인터
뷰, 연화대 사진, 동영상, 산업화 이전에 사용했던 다비단 제작 방

식 및 재료 파악, 화장 시간대별 온도, 악천후 및 천재지변 발생 시 대처 방안, 화장 시작 및 종료 등을 기록하고 관리해야 한다.

두 번째, 환경오염 물질을 배출하는 장례용품, 불쏘시개, 다비 재료 등의 사용을 금지하고 친환경 장례용품과 다비 재료를 발굴·복원하는 것이 중요하다. 다비의 불쏘시개로 사용되는 석유, 경유, 등유 등은 다비 설행 시 시커먼 연기로 인해 다비장 주변의 환경과 공기를 오염시킨다. 특히 관棺[22]에서 배출되는 오염물질이 상당한 데, 관을 제조하는 과정에서 품질을 높이기 위해서 많은 화공약품을 사용하고 있기 때문이다. 다행히 화장장의 경우는 오염물질을 제거하는 오염정화 장치를 갖추고 있어 큰 문제가 되지 않는다. 그러나 다비의 경우는 야외에서 거행되고 오염물질을 정화하는 장치를 갖추고 있지 않기 때문에, 다비 과정에서 수많은 오염물질이 그대로 배출될 수밖에 없다. 따라서 환경오염을 예방하기 위해서는 관을 사용하지 않거나 친환경 제품을 사용하는 것이 좋은 방안이 될 수 있다. 또한 다비가 거행되는 사찰 주변은 대부분 산림과 계곡을 끼고 있고, 국가 문화재나 자연보호구역, 국립(도립)공원 등으로 지정되어 있어 환경오염에 각별한 주의가 필요하다고 할수 있다.

세 번째, 다비단 제작에 못, 철사, 철판 등 철 구조물을 사용하지

---

22   안우환, 「화장장 관리 실태분석 및 발전방안 연구」, 동국대석사논문, 2002, p20.

않는 것이다. 철은 불에 취약해서 부스러지고 또 화장이 끝난 후에 철 조각이 남는 부작용이 발생한다. 따라서 철 구조물이나 철을 사용하지 않는 다비 방식을 발굴하고 복원하는 것이 중요하다.

네 번째, 산림보호 및 자연경관을 보호하는 측면에서 사찰 주변의 나무를 무분별하게 벌목하거나 훼손해서는 안 된다. 그러자면 다비에 필요한 재료인 나무, 짚 등을 미리 준비하고 확보해둘 필요가 있다.

다섯 번째, 단순하게 다비단 제작의 복원뿐만 아니라 다비와 관련된 지화紙華 제작, 빈소 장엄, 법구 및 상여 장엄, 만가, 만장, 괘불, 승무(바라춤), 다비단 장엄, 염불, 다비 의례문, 각종 다비 작업 도구 등을 발굴·복원해야 한다.

여섯 번째, 「다비문」이나 「다비작법」, 『작법귀감』, 『석문상의초』, 『석문가례초』, 『선가귀감』, 『승가예의문』, 『오종범음집』, 『석문의범』 같은 다비 관련 문헌들을 현대에 맞게 표준 다비 의례집을 만들고 보급하는 것이 중요하다.

나. 다비 장소 및 안전 대책

다비 장소 선정 시에도 몇 가지 고려할 사항이 있다. 도로, 전기, 물, 통신 등이 확보된 곳에 연화대를 설치하되, 전기선이나 통신선, 고압선, 계곡 등은 피해야 한다. 면적은 참석 인원, 각종 설치물, 화재 예방 등을 고려하여 원형을 기준으로 최소 직경 40미터 정도 확보하는 것이 좋다. 또 다비장까지 전기를 끌어오지 못하는 경우를 대비해 발전기 차량을 준비하고, 다비 장소가 사찰과 멀리 떨어진 경우는 이동용 화장실을 설치하는 게 바람직하다.

안전 대책으로는 계절에 상관없이 산불[23]에 대한 예방 대책을 수립해야 하고, 반드시 관할 소방서에 협조를 구해 소방차나 구급차 등을 지원받을 수 있도록 조치해야 한다. 또 다비장에 방화선 및 방화벽을 만들고 휴대용 소화기 및 방화수, 모래주머니, 상수도 인입시 물이 공급될 수 있도록 준비해야 한다. 특히 동계에는 폭설에 대비하여 모래주머니, 염화칼슘, 소금물 등을 확보해야 한다. 그 밖에 집중 호우, 산사태, 태풍, 지진 발생 등 천재지변에 대비하여 지역별로 다비가 가능한 장소를 선정해 관리하고 또 대여할 수 있는 시스템을 구축하는 것이 바람직하다.

한편으로 집중 호우, 태풍, 강풍, 폭설 등에 대비하여 지붕이 있는 가마 형태의 다비 방식을 연구하고 개발하는 것도 장기적인 관점에서 필요하다.

다. 다비의 보존 및 활성화 방안

지금처럼 다비를 개별 사찰에서 맡아 행하는 경우 여러 가지 제약과 한계가 따를 수밖에 없다. 이를테면 다비는 불규칙적이고 언

---

23 KBS 뉴스(2023년 5월 27일). 산림청 자료에 따르면 2023년 일어난 산불은 509건으로 월평균 100건이 발생했으며, 이는 2013년부터 2022년까지 발생한 월평균 45건에 비해 배 이상 많은 것이라고 밝혔다.

제 발생할지 예측하기가 어렵다는 점, 또 갑작스러운 다비 설행으로 인해 재원 확보 및 조달이 어렵다는 점, 전승하는 스님의 고령화와 전수받고자 하는 스님이 없다는 점, 다비 재료의 획득 및 확보가 어렵다는 점, 연화대 관리가 평상시에 이루어지지 않고 다비단 제작 방식에 관한 설계 도면, 화장 시간, 사진, 동영상 등 관련 기록을 관리·유지하지 못한다는 점이 그것이다.

따라서 전통 다비의 보존과 전승을 위해서는 종단 차원의 관심과 접근이 필요하며, 종단 총무원 산하 부설기관 혹은 독립된 기관으로 '다비작법상조회'를 설치·운영하는 것이 좋은 해결 방안이 될 수도 있을 것이다.

'다비작법상조회'를 설치·운영하여 얻어지는 효과는 다음과 같다. 첫째, 전통 다비의 실효성 있는 전승과 보존, 그리고 다비 의례의 지속적인 발굴 및 복원, 연구가 가능하다. 둘째, 승려 복지 차원에서 경제적으로 어려운 스님의 다비 지원금 및 복지를 위한 재원을 확보하고 지원할 수 있다. 셋째, 재가자의 불교식 장례 진행을 통해서 재가자의 관심과 일반인의 포교가 가능하다. 넷째, 다비와 불교식 장례를 통해 화합과 단합의 구심점 역할을 할 수 있다. 다섯째, 교육기관을 설치하여 불교 전문 장례지도사 및 다비 전승자를 양성할 수 있다. 여섯째, 불교 장례 및 다비 의례를 연구하여 통일된 불교의례를 보급하고, 마지막으로 재가자 중 무연고자나 기초생활수급자의 무료 장례 지원 등이 가능하다.

참고로 타 종교의 성공 사례는 천주교의 '평화상조'[24]와 성당 봉사단체인 '연령회'[25]를 통해서 확인할 수 있다. 천주교에서는 이 조직을 통해 신부, 수녀, 신자들이 뭉치고 화합할 수 있는 구심점을 만들었다. 보통 우리 주변에서 가까운 사람이 상을 당하면 심리적·정서적으로 힘들 수밖에 없는데, 이때 평화상조에서 천주교 전문 장례지도사를 출동시켜 조문 및 지원은 물론 장례 전반을 대행해 준다. 그러면 타 종교를 가진 유족도 고마움을 느끼고 자연스레 천주교에 관심이 생겨나게 된다. 어쩌면 이런 점이 최근 천주교 신자가 증가[26]하는 데 견인차 역할을 했는지도 모른다.

평화상조는 장례지도사의 선발과 교육도 매우 까다롭다. 천주교 신자여야 하는 건 물론이고 선발되면 의무적으로 천주교 장례지도사 교육기관을 통하여 4주간 천주교 교리와 의례를 배워야 한다. 또 성당의 봉사단체 연령회 역시 교우가 상을 당하면 3일 내내 빈소를 방문하여 종교의례 행사에 참석하고 조문한다고 한다.

---

24 평화상조는 서울 대교구에서 2008년 8월 사업을 시작하여 현재까지 17년간 운영하고 있다. 직원은 전원 천주교 교인으로 불신자(不信者)나 타 종교인의 경우 개종해야 취업이 가능하다.

25 각 성당의 자발적 봉사단체로, 3일장 내내 조를 편성하여 상가를 방문해 종교의식을 갖는다. 또 장례지도사 교육과 교리 교육을 병행한다. 교리를 이수하지 못하면 장례지도사로 업무를 수행하지 못한다.

26 가톨릭평화신문, 2023년 4월 25일. "한국천주교 주교회의가 발간한 '한국천주교회 통계 2022'에 따르면, 2022년 말 기준 전국 16개 교구가 집계한 신자 수는 594만 9,862명이다. 이는 전년보다 0.2%(1만 1,817명) 늘어난 수치이다. 2022년 말 대한민국 총인구 5,262만 8,623명 대비 신자 비율은 11.3%로, 전년 대비 총인구가 10만 4,077명 감소한 것에 비해 천주교 신자는 다소 증가했다."

5. 결론

다비는 단순하게 다비단을 설치하여 시신을 화장하는 것뿐만 아니라 임종 의례부터 빈소 장엄, 입감, 기감, 지화 제작, 상여 및 법구 장엄, 범패, 만장, 괘불, 승무(바라춤), 불교 음식, 다비단 장엄, 염불, 다비 도구 등 장례 기간 동안 행해지는 장례 절차와 의례 전체를 아우르는 종합예술이라 할 수 있다.

특히 한국불교에서만 보이는 독특한 특징이 있는데, 바로 온돌 방식의 원리를 다비에 적용하고 있다 점이다. 그래서 구들장을 얹고 굴뚝만 만들면 바로 온돌방으로도 사용할 수 있다. 거기에 짚(새끼타래, 짚단 등)을 다비의 재료로 사용하고 있는 점도 독특하다. 이 두 가지 측면에서 다비는 이미 한국화된 다비라 할 수 있고, 오직 대한민국에서만 볼 수 있는 무형문화로서 세계에서 그 유래를 찾아볼 수 없을 만큼 문화적·역사적·학술적 가치가 크다고 할 수 있다.

그러나 지금처럼 개별 사찰에서 다비를 행한다면 전통 다비를 전승하고 보존하는 데 많은 제약과 한계가 따를 수밖에 없다. 따라서 전통 다비의 전승과 보존을 위해 종단 차원의 관심과 접근이 필요하다. 그 한 가지 해결 방안이 종단 총무원 산하 부설기관 혹은 독립된 기관으로 '다비작법상조회'를 설치·운영하는 것이다.

다비는 단순하게 시신을 불태우는 것에 그치지 않고, 의례와 기능적 측면에서 간접적인 죽음 경험과 교육을 통해 생명의 소중함과 존엄성을 일깨워줄 수 있다. 그리하여 현재 우리 사회에서 끊임없이 발생하는 생명 관련 사건 사고[27]를 어느 정도 예방할 수 있을 것으로 보인다. 생명 관련 사건 사고가 발생하는 원인은 사회·문화·환경 등 다양한 이유가 있겠지만, 근본적인 발생 이유는 개인이 생명의 소중함을 제대로 인식하지 못하고 또 상대방을 존중하고 배려하지 못하는 사회적 분위기 때문이다.

따라서 다비 문화가 제대로 정착된다면 간접적인 죽음 경험과 교육을 통해 생명의 소중함을 제대로 인식하고, 또 상대방을 존중하고 배려하는 환경과 사회문화가 조성될 수 있을 것이다. 결과적으로 한국 사회에 끊임없이 발생하는 생명 관련 사건 사고도 줄어들 것이라 조심스럽게 예측해본다.

---

27   영유아 살해 후 유기 및 아동 학대, '묻지마' 폭행 및 살인, 스토킹 및 살해, 학교 및 군대 폭력 문화, 자살 및 동반자살, 산업현장 부실 공사 및 안전사고, 갑질 문화, 난폭 운전, 금전 만능주의 등.

참고문헌

1장 초기 불교 경전에 나타난 다비

근본설일체유부비나야(根本說一切有部毘奈耶) (『大正藏』 23권)

근본설일체유부비나야잡사(根本說一切有部毘奈耶雜事) (『大正藏』 24권)

남해기귀내법전(南海寄歸內法傳) (『大正藏』 54권)

불본행집경(佛本行集經) (『大正藏』 3권)

잡아함경(雜阿含經) (『大正藏』 2권)

장아함경(長阿含經) (『大正藏』 1권)

중아함경(中阿含經) (『大正藏』 1권)

증일아함경(增壹阿含經) (『大正藏』 2권)

Aṅguttara Nikāya 5 vols, PTS, 1955.

Dīgha Nikāya 3 vols, PTS, 1975.

Jātaka PTS, 1895-1907.

Majjhima Nikāya 3 vols, PTS, 1925.

Saṃyutta Nikāya 5 vols, PTS, 1975.

Suttanipāta PTS, 1948.

Udāna PTS, 1885.

THE UPANIṢADS(ed. and tr. S. Radhakrishnan, *The Principal Upaniṣads*, Delhi : An Imprint of Harper Collins Publishers, 1994).

Vinaya Piṭaka 5 vols, PTS, 1997.

박경준, 『다비와 사리』, 대원사, 2001.

조준호, 『우파니샤드 철학과 불교-종교문화적 그리고 사상적 기원에 대한 비판적 검토』, 경서원, 2004.

안양규, 「전륜성왕의 장례법」, 불교문화연구 6, 2005.

원혜영, 「붓다와 전륜성왕에게 행한 유해 방식은 닮았는가-초기 열반경을 중심으로」, 『인도철학』 제12권 제2호, 23, 2007.

원혜영, 「붓다의 다비의식에 담긴 공동체의 변화」, 한국인도학회: 『인도연구』, 2007.

우인보, 「전륜성왕의 장례법과 사리팔분의 의미」, 밀교학보 14, 2013.

최복희(오인), 「우요칠잡에 대한 고찰-붓다의 다비식을 중심으로」, 한국정토학 회: 『정토학연구』 제35권, 2021.

Radhakrishna Choudhry, *The Vrātya in Ancient India*, Varanasi : Chowkamba Sanskrit Series Office, 1964.

Shyam Ghosh, *Hindu Concept of Life and Death*, Delhi: Munshiram Manoharlal Publishers,1989.

Nathan McGovern, On the Origins of the 32 Marks of a Great Man, Leuven: *The Journal of the International Association of Buddhist Studies*. vol. 39, 2016, pp.207-247.

Oskar von Hinüber, Cremated Like a King: The Funeral of the Buddha within the Ancient Indian Context, Tokyo: *The Journal of the International College for Postgraduate Buddhist Studies*. vol. 13, 2009, pp.33-66.

Samuel Beal(tr.), *Romantic Legend of Sakya Buddha: A Translation of the Chinese version of the Abhiniskramana Sutra*, Delhi: Motilal Banarsidass, 1985, pp.158-160.

2장 한국 장례문화의 흐름과 다비

『高麗圖經』

『高麗史』

『東文選』

『三國史記』

『三國遺事』

『三國志』「魏書」東夷傳

『隋書』「東夷傳」

『訥齋集』

『朝鮮王朝實錄』

강승규, 『다비식』, 해드림출판사, 2022.

구미래, 『한국불교의 일생의례』, 민족사, 2012.

구미래, 『존엄한 죽음의 문화사』, 도서출판 모시는사람들, 2015.

김용선, 『역주 고려 묘지명집성: 상·하』, 한림대학교 출판부, 2012.

대한불교조계종 총무원 문화부·재단법인 불교문화재연구소, 『다비 현황 조사보
　　고서』, 2013.

박경준, 『다비와 사리』, 대원사, 2001.

박태호, 『장례의 역사』, 서해문집, 2006.

생활개혁실천범국민협의회, 『화장 시설의 실태 및 개선방안』, 1998.

조흥윤, 『민속에 대한 기산의 지극한 관심: 箕山風俗圖 2』, 민속원, 2004.

최법혜 역주, 『고려판 선원청규 역주』(伽山佛敎文化硏究院, 2001), pp.273
　　~283.

황인규, 『고려말·조선전기 불교계와 고승 연구』, 혜안, 2015.

구미래, 「불교 전래에 따른 화장의 수용양상과 변화요인」, 『실천민속학 연구』 4,
　　실천민속학회, 2002.

김무봉, 조선시대 간경도감 간행의 한글 경전 연구」, 『韓國思想과 文化』 23, 한
　　국사상문화학회, 2004.

김성순, 「시체를 매장했던 승려들 : 매골승(埋骨僧)과 삼매히지리(三昧聖)」,
　　『불교학연구』 31, 불교학연구회, 2012.

金容德, 「喪葬禮 風俗의 史的 考察」, 『比較民俗學』 11, 比較民俗學會,
　　1994.

남동신, 「甘山寺 阿彌陀佛像과 彌勒菩薩像 造像記의 연구」, 『美術資料』 98, 국립중앙박물관, 2020.

다카무라 료헤이, 「공동묘지를 통해서 본 식민지시대 서울: 1910년대를 중심으로」, 『서울학연구』 15, 서울시립대학교 부설 서울학연구소, 2000.

문상련(정각), 「고려 묘지명을 통해 본 고승 상장례」, 『동아시아불교문화』 41, 동아시아불교문화학회, 2020.

박진훈, 「高麗時代 官人層의 火葬: 墓誌銘 자료를 중심으로」, 『歷史學報』 229, 역사학회, 2016.

嚴基杓, 「新羅 僧侶들의 葬禮法과 石造浮屠」, 『文化史學』 18, 한국문화사학회, 2002.

이동주, 「진주 남강댐 수몰지구 상촌리 유적」, 『嶺南考古學』 20, 嶺南考古學會, 1997.

李杜鉉, 「葬制와 關聯된 巫俗硏究」, 『文化人類學』 6, 한국문화인류학회, 1973·1974년 합병호.

이상균, 「韓半島 新石器人의 墓制와 死後世界觀」, 『古文化』 56, 한국대학박물관협회, 2000.

이재운, 「삼국·고려시대의 죽음관」, 『한국인의 사후세계관』, 전주대학교 출판부, 2001.이창익, 「죽음의 관습으로서의 의례」, 『죽음 의례와 문화적 기억』, 모시는사람들, 2015.

鄭吉子, 「高麗時代 火葬에 대한 考察」, 『釜山史學』 7, 釜山史學會, 1983.

鄭吉子, 「韓國佛僧의 傳統葬法硏究」, 『崇實史學』 4, 崇實大學校史學會, 1986.

정일영, 「일제 식민지기 死者공간의 배치와 이미지 형성」, 『史林』 57, 수선사학회, 2016.

태경(이선이), 「『석문가례초(釋門家禮抄)』 茶毘作法節次에 나타난 無常戒에 대한 小考」, 『禪學』 30, 한국선학회, 2011.

하문식, 「고조선 시기의 동굴무덤 연구」, 『白山學報』 98, 백산학회, 2014.

韓相福·全京秀,「二重葬制와 人間의 情神性」,『韓國文化人類學』Vol 2,
    No.1, 한국문화인류학회, 1969.

홍보식,「신라의 화장묘 수용과 전개」,『한국상고사학보』58, 한국상고사학회,
    2007.

「東亞日報」,「每日申報」,「皇城新聞」

한국학중앙연구원,『한국민족문화대백과사전』(encykorea.aks.ac.kr)

문화유산 지식e음, 국립문화재연구원(portal.nrich.go.kr)

3장 귀환의 몸짓에 밴 언어의 미학

『大正新修大藏經』: T

『韓國佛敎全書』: HD

『韓國佛敎儀禮資料叢書』: KR

鳩摩羅什譯,『金剛般若波羅蜜經』(T8).

實叉難陀奉 制譯,『大方廣佛華嚴經』(T10).

應之,『五杉演若新學備用』.

釋道誠 集, ‘葬法’,『釋氏要覽』(T54, 308c).

德煇奉『重編,『敕修百丈淸規』(T48).

釋王寺(1574),『勸供諸般文』.

寶林寺(1575),『諸般文』.

서봉사(1580),『諸般文』.

懶庵 眞一 編(1636),『釋門家禮抄』(HD8, 277中).

碧巖 覺性 編(1636),『釋門喪儀抄』(HD8, 237上).

金山寺(1694)『諸般文』(KR2).

智還 編(1707), 『天地冥陽水陸齋儀梵音删補集』(HD11).

亘璇 撰(1826), 『作法龜鑑』(KR3).

井幸 編(1882), 『茶毘作法』(KR3).

긍선 찬, 김두재 역(2010), 『작법귀감』, 동국대학교출판부.

안진호 편(1935), 『석문의범』 하권, 만상회.

박용진(2009), 「朝鮮時代 刊經都監版 『五杉練若新學備用』 編纂과 그 意義」, 『한국논총』 31, 한국학연구소.

http://www.newsrep.co.kr/news/articleView.html?idxno=35049 2023.7.23. 14시 검색.

https://kabc.dongguk.edu/content/list?itemId=ABC_NC 보림사(1575) 제반문.

https://www.youtube.com/watch?v=7h-3SafIuEs 2023.7.25. 17:26 검색.

4장 다비의 현실태와 개선 방향

『三國遺事』
강승규, 『다비식』, 해드림출판사, 2022.

구미래, 『사십구재』, 민족사, 2010.

국립무형유산원, 『진관사 수륙재』, 민속원, 2017.

대한불교조계종 포교연구실, 『생전예수재』, 조계종출판사, 2017.

대한불교조계종 포교연구실, 『우란분재』, 조계종출판사, 2015.

박경준, 『다비와사리』, 대원사, 2001.

성청환, 『생전예수재』, 서울특별시, 2021.

안양규, 『불교의 생사관과 죽음교육』, 도서출판 모시는사람들, 2015.

정각, 『한국의 불교의례』, 운주사, 2001.

조계종 총무원 문화부, 『2013년 다비 현황 조사보고서』, 조계종출판사, 2013.

진관사수륙재보존회 편, 『진관사 수륙재의 민속적 의미』, 민속원, 2012.

홍윤식, 『영산재』, 대원사, 2005.

홍태한, 『불교의례의 민속적 이해』, 민속원, 2006.

구미래, 「사십구재의 의례체계와 의례주체들의 죽음인식」, 안동대박사논문, 2005.

김민정, 「한국불교 재의례의 사상적 구조」, 원광대박사논문, 2017.

안우환, 「화장장 관리 실태분석 및 발전방안 연구」, 동국대석사논문, 2002.

연제연, 「한국수륙재의 의례와 설행양상」, 고려대박사논문, 2014.

이범수, 「49재와 우란분재에서의 유족심리 치료에 관한 연구」, 동국대박사논문, 2010.

보건복지부, 「장사등에 관한 법률」, 2023. 9. 29.

보건복지부, 「장사등에 관한 법률 시행령」, 2023. 5. 2.

보건복지부, 「장사등에 관한 법률 시행규칙」, 2022. 12. 30.

보건복지부, (재)한국장례문화진흥원, "e하늘 장사정보시스템" 사이트

불교방송 BTN, 「다비」, 1부(생사불이), 2부(스님 불 들어갑니다).

다비,
무형문화유산으로서의 가치와 전승

초판 1쇄 발행 2023년 12월 8일

엮은이   대한불교조계종 문화부 · 다비작법보존회
발행인   원명

대표   남배현
본부장   모지희
편집   손소전 김옥자
경영지원   김지현 강인화
디자인   정면

펴낸곳   (주)조계종출판사
주소   서울시 종로구 삼봉로 81 두산위브파빌리온 1308호
전화   02-720-6107
전송   02-733-6708
이메일   jogyebooks@naver.com
출판등록   제2007-000078호 (2007. 04. 27.)
구입문의   불교전문서점 향전(www.jbbook.co.kr) 02-2031-2070

ISBN   979-11-5580-212-0   93220

이 책은 대한불교조계종 문화부의 지원을 받았습니다.

조계종
출판사 지혜와 자비의 눈으로 세상을 바라봅니다.